Nadine Kmoth

Körperrhetorik

Danksagung

Ich möchte meinem Mann Markus danken, denn er hat mich bei diesem Buchprojekt so unterstützt wie es sich eine Frau nur wünschen kann.
Ein lieber Dank geht auch an Anna Sekoulov und Stephan Knauer, die mir mit Rat und Tat zur Seite standen.
Und natürlich danke ich auch meinen Kindern Mayka, Gregor und Ivan für Ihre Geduld.
Sie saßen morgensmittagsabends öfter einmal mit hungrigen Augen vor leeren Tellern, da Mama schrieb.

Nadine Kmoth

Körperrhetorik

Eine Anleitung zum Gedankenlesen …
und -zeigen

mvg Verlag

Bibliografische Information der Deutschen Bibliothek
Die Deutsche Bibliothek verzeichnet diese Publikation in der Deutschen Nationalbibliografie; detaillierte bibliografische Daten sind im Internet über http://dnb.ddb.de abrufbar.

Umschlaggestaltung: uhlig coverdesign augsburg
Photos: Stephan Knauer, Markus Kmoth
Satz: mi, J. Echter
Druck- und Bindearbeiten: Himmer, Augsburg
Printed in Germany 73070/040302
ISBN 3-478-73070-8

Inhaltsverzeichnis

Vorwort

Was ist Körperrhetorik, wieso Gedankenlesen und wozu dieses Buch

Körpersprache ist eine Bildersprache und wirkt auf unser Unbewusstes entscheidend ein. Sie ist eng mit unseren Gefühlswahrnehmungen und Gefühlsäußerungen verknüpft. Sie ist unsere Muttersprache. In diesem Buch geht es darum, sie bewusst aber ehrlich einzusetzen – denn was diese Sprache angeht, sind wir Erwachsenen alle Legastheniker!

Körperrhetorik ist eine Methode, die ich entwickelt habe. Sie ist in sieben Elemente unterteilt und kann uns helfen, die eigene Körpersprache zu reflektieren, aber auch die unserer Mitmenschen zu lesen.

Stellen Sie sich eine Szene in einem Restaurant vor, die Sie durch eine große Glasfront betrachten. Sie nehmen einzelne Teile des Bildes wahr, die für Sie persönlich von Bedeutung sind. Ansonsten haben Sie ein Gesamtkunstwerk vor sich. Wenn Sie nun genau auf einen bestimmten Ausschnitt schauen – vielleicht ein Paar, das gerade ein Blind Date hat, oder der Kellner, der gerade mit einer ganzen Garnison von Tellern in die Küche eilt –, können Sie auf die Feinheiten und kleinen Körpersignale sehr viel genauer eingehen, als wenn Sie das Gesamtbild betrachten. Der Gesamtkontext rückt für diesen Moment in den Hintergrund.

Stellen Sie sich jetzt das Gesamtbild eines Menschen vor: Das Erste, was Sie wahrnehmen, ist der Gesamteindruck. In der Körperrhetorik schauen wir uns jedoch einzelne Mosaiksteine auch separat an, damit wir den Ausdruck eines jeden der sieben Elemente einmal genau wahrnehmen, um es dann auf ein Gesamtmosaik zu übertragen.

Einige, die diese Methode kennen gelernt haben, behaupten, das sei ja wie eine Waffe! Doch Körperrhetorik ist keine Waffe – sie ist ein Handwerkzeug. Sie werden durch die Körperrhetorik viele neue Facetten dieser unglaublich genialen Sprache entdecken, die Ihnen vorher verborgen waren. Sie können Ihre eigene Körpersprache auf ihre Wirkung hin überprüfen, aber auch die Körpersignale Ihrer Mitmenschen neu lesen lernen. Verzweifeln Sie nicht, auch wenn Sie manchmal im Laufe des Buches den Wald vor lauter Bäumen nicht mehr sehen. Das ist normal. Sie sehen jetzt nur sehr viel mehr Signale als vorher und werden langsam lernen, diese verschiedenen Signale richtig zuzuordnen.

Einleitung

Von der Selbsterkenntnis, der Menschenkenntnis, dem Gedankenlesen, dem Hören mit den Augen und der Authentizität

Montag, 16. Juni 2002, 11:15, Hamburg: 49.825 Amseln singen in den Bäumen, 7.062 Chefs meckern ihre Sekretärin an, 112 besorgte Bürger rufen im Polizeirevier an, 151 reden sich beim Psychotherapeuten ihr Leid von der Seele, 27.933 halten gerade aus irgendwelchen Gründen den Mund, 58.232 Beschäftigte sind krankgeschrieben, 11.802 Büroangestellte haben mal wieder alles verkehrt verstanden, 7.101 Sachbearbeiter schauen auf einen Monitor mit leerem Desktop, 12.228 Beschäftigte weinen gerade, 4.123 davon bekommen Zuspruch, 46.022 frühstücken noch, 3.201 wollen Spagetti kochen (davon 2177 all' arrabiata), 42.300 streiten sich gerade mit jemandem und 128.211 arbeitende Menschen würden sich streiten, wenn sie die Gedanken ihres Partners verkehrt interpretiert hätten.

Was für ein Leben!

Verständnis für einander zu haben bedeutet, sich in den anderen hineinzuversetzen: ihn anschauen, wahrnehmen, interpretieren und somit seine Gedanken lesen. Aber Verständnis verlangt auch, selbst offen und ehrlich zu zeigen, was man meint, damit auch der andere unsere Gedanken lesen kann.

Das sind die zwei zentralen Punkte dieses Buches und sie hängen mit zwei Fähigkeiten zusammen: Menschenkenntnis und Selbsterkenntnis. Diese zwei Fähigkeiten bekommen Sie nicht in die Wiege gelegt, sondern Sie müssen sie sich erarbeiten.

Selbsterkenntnis

Ein bestimmter Typ von Mensch – nennen wir ihn *Freddy* – schafft es mal wieder nicht, das, was er denkt und fühlt, zum Ausdruck zu bringen. Wir sehen es nicht.

Freddy ist ein Typ mit einer nur mäßig ausgebauten Leitung von innen nach außen, also vom eigenen Gedanken zum körpersprachlich sichtbaren Ausdruck. Wir als Mitmenschen haben das Problem, dass wir nicht besonders gut erkennen können, was dieser Typ eigentlich genau meint, wenn er spricht. Freddy hat oft nicht mehr körpersprachlichen Ausdruck als eine *Muschel*. Der Gesprächspartner muss sich mit dem verbalen Ausdruck begnügen. Freddy wird oft fehlinterpretiert und missverstanden. Er vermittelt keine klare und deutliche Aussage, da er nur den sprachlichen Ausdruck benutzt und den körpersprachlichen ignoriert – und das meistens unabsichtlich.

Dann denkt Freddy z.B. über seinen Chef: „Man kann ja wohl sehen, dass es mir heute nicht gut geht. Jetzt kommt der Idiot schon wieder mit dem Mist zu mir. Kann der mich nicht heute mal damit in Ruhe lassen!“

Nichts kann der „Idiot“ sehen, denn der *Muschel-Typ* kann das, was in ihm ist, nicht nach außen exportieren. Und was passiert dann? Klar! Freddy meckert den anderen an, weil er findet, dass er heute wirklich einmal etwas verständnisvoller sein könnte. Der vermeintliche „Idiot“ kann dies aber nicht – vielleicht auch, weil er selbst ein unerfahrener Beobachter ist. Und dann knisterts im Gebälk!

Ein anderer Typ von Mensch – *Felizia* – schafft es dagegen ohne die geringste Anstrengung, ihre Gefühle und Gedanken nach außen in die Sichtbarkeit zu exportieren. So klar und deutlich wie eine Amsel am Hamburger Morgen – oder wie ein Golden Retriever vor einer Schappi-Dose. Felizia hat eine optimale Leitung nach außen und kann sich viel leichter und dezidierter ausdrücken als Freddy. Deshalb wird sie natürlich auch besser verstanden.

Allerdings verrät sich Felizia so auch in all ihrem Denken und Fühlen, denn wir können ihr alles schnell und deutlich an der Nasenspitze ansehen, auch wenn sie versuchen würde, uns zu täuschen. Dafür wird sie aber, wenn sie „schlecht drauf" ist, auf ihr Leid angesprochen, erhält Mitleid von einigen oder wird von anderen wohlweislich in Ruhe gelassen. Felizia kann ein Gefühl, wie z.B. die Bedrücktheit des Muschel-Typen Freddy, in Bewegung und Ausdruck umsetzen, sodass der andere sehen kann, was los ist.

Freddys, die *Muschel-Typen,* erhalten nie ein tröstendes Wort, wenn sie mal Zuspruch brauchen, denn wir erkennen nicht, dass sie diesen gerade benötigen. Arme Freddys! Vereinsamung und Introvertiertheit nimmt seinen Lauf und der Kreislauf des Missverstehens ist aktiviert.

Vor allem wenn die Muschel auf die Amsel trifft.

Felizias kommunizieren wie *Amseln*, reden sich ihr Leid von der Seele und verkünden ihr Glück mit Begeisterung – verplappern sich allerdings auch gerne einmal. Das Stadium „erst denken, dann handeln" hat sie noch nicht erreicht. *Freddys* halten dagegen lieber den Mund und zucken relaxt mit den Schultern, auch wenn sie im Lotto gewonnen haben.

Es gab vor einiger Zeit ein sehr zutreffendes Werbeplakat in Hamburg. Es bestand aus zwei Fotoreihen. Die obere zeigte mehrere Frauenporträts, welche alle dieselbe Frau zeigten, jedoch in *verschiedenen* Gemütsverfassungen. Sie waren textlich mit den dazu gehörigen Begriffen wie Begeisterung, Schmerz, Zorn und dergleichen sehr zutreffend unterlegt.

Darunter sah man eine Reihe mit Männerporträts. Diese Porträts waren textlich exakt mit den gleichen Begriffen unterlegt, alle Männerköpfe hatten aber *denselben* Ausdruck, ohne Unterschied.

Alles klar? Alles Felizias oder Freddys?

Natürlich ist dies eine Verallgemeinerung, die sich so für die Geschlechter nicht aufrechterhalten lässt. Es gibt natürlich auch Singdrossel-Freddys und Miesmuschel-Felizias, und wir müssen uns davor hüten, in Pauschalaussagen zu denken und zu handeln.

Trotzdem kann man aus solchen Verallgemeinerungen immer einen funken Wahrheit entnehmen.

Ihre Selbsterkenntnis und Selbstwahrnehmung können Sie mit diesem Buch trainieren. Dies findet aber nicht nur zu Hause vor dem Spiegel statt, denn es hat immer auch mit unserer Wirkung auf andere zu tun. Wir erkennen an den Reaktionen anderer, an ihrem Feedback, ein Stück von uns selbst. Sind wir uns unserer Handlungen, unserer Gedanken und unserer Gefühle bewusst, dann können wir auch die Reaktionen auf unsere Handlungen verstehen, die uns manchmal wie ein Blitz treffen und die wir im ersten Moment häufig nicht verstehen: „Wie, du findest, dass ich auf dich wie ein kleines schüchternes Mädchen wirke? Ich fühle mich aber selbstbewusst und emanzipiert!“

So kann Körperrhetorik uns helfen, besser das auszudrücken, was wir nach außen transportieren möchten.

Menschenkenntnis

Mit Körperrhetorik werden Sie nicht nur lernen, Ihre Gedanken zu zeigen, sondern auch, sie bei anderen besser zu lesen. Bei vielen von uns ist diese Fähigkeit, Gedanken und Gefühle bei anderen körpersprachlich überhaupt bewusst wahrzunehmen oder gar zu lesen, nicht sehr ausgereift. Wir schauen sozusagen auf einen Monitor mit leerem Desktop – ohne Informationen. Sie können den anderen, der mit Ihnen spricht, nicht richtig einschätzen. Dabei kommen uns Sätze wie diese in den Sinn:

„Irgendwas stimmt nicht an dem, was er sagt.“
„Was will die eigentlich von mir.“
„Das glaubst du ja wohl selber nicht …“
„Meint sie das im Ernst?“

Mal wieder alles verkehrt verstanden? Macht nichts, Menschenkenntnis ist erlernbar.

Viele Menschen trauen sich aber nicht, eine innere Aussage von ihrem Gegenüber auch durch die Körpersprache anzunehmen. Wir wurden dazu erzogen, uns am gesprochenen Wort und nicht an der Körpersprache zu orientieren. Das ist ein Fehler!

Mal übertrieben: Ich könnte im Polizeirevier anrufen und dem Polizisten am Telefon erzählen, dass ich gleich aus dem Fenster springen werde. Er würde es mir glauben. Er müsste es. Tatsache ist: Ich habe dabei gelächelt und meinen Hund gestreichelt – ich habe gelogen! Hätte der Polizist mich aber gesehen, hätte er mir nicht geglaubt.

Das ist ein primitiver Beweis dafür, dass die Optik zum gesprochenen Wort gehört wie ein Bild zum Bilderbuch.

Oder folgende Situation: Vor mir steht ein gut aussehender, netter, mir noch unbekannter Mann von circa 35 Jahren, und der sagt mir überaus charmant (während er sich mit der rechten Hand im Schritt kratzt), dass ich die schönste, einzige und zu allem Überfluss auch noch die erste Frau in seinem Leben bin und überhaupt ... No comment!

Die Körpersprache lügt nicht und erzählt uns bei genauer Betrachtung viel Aufschlussreiches über die Einstellung und die Meinung des Gegenübers im Moment des Gesprächs. Erzählen kann jeder viel, wenn der Tag lang ist. Doch körpersprachlich etwas vorzuspielen ist zwar dem Schauspieler ein Leichtes, nicht aber dem normal Sterblichen.

Wir sehen an unseren Gesprächspartnern unendlich viel, wenn wir nicht nur mit den Ohren, sondern auch mit den Augen bewusst „zuhören“. Die zwei Ausdrucksformen *Wortinhalt* und *Körpersprache* gehören zusammen und sind voneinander isoliert nicht aussagekräftig genug.

Wenn wir mit einem Freddy sprechen, der eben sehr wenig körpersprachliche Ausdruckskraft besitzt, haben wir immer noch die Möglichkeit, den Fokus auf die rein sprachliche Ebene zu verlegen. Das bedeutet jedoch: Nachfragen, bis wir alles verstanden haben.

Wenn wir ein Gespräch mit der aufmerksamen Wahrnehmung der körpersprachlichen Ebene in all seinen feinen Nuancen, mit allen Zwischentönen richtig interpretiert haben, besitzen wir eine gute Menschenkenntnis und können tatsächlich *Gedanken lesen.* Gedankenlesen ist eigentlich einfach und wir machen es den lieben langen Tag. Nur machen wir es leider völlig unbewusst und ohne innere Anteilnahme.

Halt! Mit einer Ausnahme: Wir reagieren unbewusst auf einen Flirt – aber auch auf Bedrohungen – von Seiten des Gesprächspartners. Dazu gibt's mehr im ersten Kapitel.

Wie ist es möglich, Gedanken zu lesen?

Körpersprache ist der Ausdruck unseres Körpers, während Sie bestimmte Gedanken denken – z.B.: *„arroganter Pinsel"* – und dabei bestimmte Gefühle fühlen – z.B.: *Abneigung* gegenüber einem arroganten Pinsel.

Der Mensch setzt mehr oder weniger alle inneren Vorgänge in Bewegungen um. Bei nächtlichen Träumen macht er das völlig unkoordiniert und absolut ungeniert. Wir können also an der Körpersprache zumindest die *Tendenz* eines „hochnäsigen Pinsels" erkennen. Sind wir uns nicht sicher, können wir über das Gespräch herausfinden, was unser Gesprächspartner meint. Die Körpersprache eines Menschen weist uns in eine Richtung. Das bedeutet, wenn wir über die Körpersprache einen Hinweis erhalten, der andere könnte ein arroganter Pinsel sein, können wir aufmerksam diesem Verdacht nachgehen, bis dieser sich festigt oder in Luft auflöst. Der berühmte erste Eindruck ist nur für einen geschulten Menschenkenner aussagekräftig genug, um sich ein Urteil über einen Menschen zu erlauben.

Die körpersprachliche Wahrnehmung sollte allerdings nie schlafen, sonst passieren böse Überraschungen – z.B. bei der Partnerwahl oder bei der Einstellung eines neuen Mitarbeiters.

Es geht immer darum, die körpersprachlichen Aussagen nicht zu Gunsten des gesprochenen Wortes zu verdrängen, sondern sie bewusster und intensiver wahrzunehmen als bisher, damit die Wahrnehmung von unseren Mitmenschen noch ganzheitlicher wird.

Authentizität

Authentisch sein bedeutet in diesem Zusammenhang, dass das gesprochene Wort mit der dazugehörigen Bewegung eines Menschen übereinstimmt. Das wirkt angenehm, ausgeglichen und stimmig, und es ist eine Fähigkeit, die wir uns mit Hilfe der Körperrhetorik aneignen können.

Manchmal wissen wir nur wenig über den Eindruck, den wir auf bestimmte Personen hinterlassen. Der Eindruck, den wir meinen auf andere zu haben, ist sogar oft meilenweit von dem wirklichen Eindruck entfernt, den der andere empfängt. Dann klaffen das *Selbst- und Fremdbild* auseinander, sie sind nicht kongruent. Ihr Gesprächspartner sieht Sie also in einer anderen Rolle als Sie sich selbst. Diese Tatsache ist nicht weiter schlimm. Aber sie ist dann gefährlich, wenn uns das bei allen Menschen passiert, denen wir begegnen – denken Sie an das schüchterne Mädchen, das sich selbst für eine emanzipierte Frau hält.

Noch einmal, weil es wichtig ist: Wenn der äußere Eindruck mit dem, was Sie denken oder fühlen, übereinstimmt – das mögen die meisten Leute auch an uns – sind wir authentisch. Dann kann der andere uns besser verstehen und auch irgendwie unsere Gedanken lesen, oder?

Ach, Sie wollen gar nicht, dass andere Ihre Gedanken lesen können? Sie wollen nur die Gedanken der anderen lesen? Das nennt man dann „unfaire Verhandlungstechniken“ oder „den Partner mit Absicht im Unklaren lassen“. Auch das wird erst zum Problem, wenn wir es ständig tun. Unfaire Verhandlungstechniken führen auf dem falschen Weg zu einem Ziel, sie zerstören jede Vertrauensbasis für die Zukunft und machen die Seele korrupt.

Ein Geschäftspartner oder auch eine Ehefrau wird keinen Vorteil aus unfairen Methoden ziehen, denn diese sind unmoralisch und gehen im Ergebnis immer nach hinten los. So gaukelt z. B. einer dem anderen etwas vor, weil er Angst hat, sein wahres Gesicht zu zeigen. Er könnte ja vielleicht nicht das erreichen, was er erreichen will.

Doch was hat die Moral im knallharten Geschäftsleben zu suchen, fragen Sie vielleicht? Oh, sehr viel, denn eine gute Moral ist beständiger, kräftiger, kommunikativer und kreativer als eine schlechte. Nicht umsonst werden in jeder Branche jährlich unzählige Trainer engagiert, die in Trainings, Coachings und Workshops versuchen, die fehlenden Werte im Unternehmen wieder zu finden oder die „versaute“ Moral wieder aus dem Stall zu kehren.

Wir Menschen haben ein feines Gespür für Echtheit. Wir entlarven Falschheit oder (psychologisch ausgedrückt) Inkongruenz oft sofort, manchmal später, sicher oft auch unbewusst – aber auf jeden Fall *immer*. In einem Verhandlungsgespräch hat Inkongruenz langfristige Folgen, da sie die partnerschaftliche Beziehung erschwert.

Also bleiben Sie authentisch und hören Sie auf zu schauspielern, wenn Sie dazu neigen! Ein Schauspieler darf schauspielern. Er muss das. Der hat's gut, nicht wahr?

Marcello Mastroianni hat einmal gesagt, dass das totale „Einswerden" mit einer Rolle nicht gut für den Schauspieler ist, sondern dass er sich von dieser auch distanzieren können muss – eben *schauspielern*. Sonst kommt er nach Hause zu seiner Besten und hat immer noch Sandra Bullock im Kopf ... Das ist absolut professionell.

Ein Geschäftsmann aber muss das nicht, er muss Authentizität nicht spielen – er muss *authentisch sein*!

Wer ist denn überhaupt authentisch? Kleine Kinder. Sie sind absolut authentisch! Im Laufe des Erwachsenwerdens verlieren wir immer mehr unsere Authentizität, denn wir passen uns unserer Umwelt, der Gesellschaft, in der wir aufwachsen und leben, ganz brav an. Wir akzeptieren gesellschaftliche Regeln, Gesetze, Zwänge und aufgestellte Gebote und essen ganz ordentlich mit „Ellbogen vom Tisch, Messer rechts und Gabel links". Wir grinsen, wenn Grinsen angesagt ist, blicken autoritär, wenn Autorität angesagt ist, blicken traurig, wenn wir traurig sein müssen. Darunter leidet die Authentizität!

Seien Sie authentisch, denn es ermöglicht Ihren Mitmenschen, sich ein „echtes Bild" von Ihnen zu machen. Wenn Sie nur eine Rolle vorgeben, z.B. bei einem „Blind Date" eine Powerfrau mit eigenen Vorstellungen vom Leben zu sein, aber in Wirklichkeit (aus welchen Gründen auch immer) ein Kuschelmäuschen und anhänglich wie ein Schoßhündchen sind, gibt's spätestens nach dem Zusammenziehen oder in der Zusammenarbeit mit dem Partner die schrägsten Missverständnisse. Das, was man bei der ersten Begegnung gesehen hat, entspricht nicht dem, was später im persönlichen Miteinander zum Vorschein kommt.

Jeder der zwei Millionen Singles in Deutschland kennt das Problem: Mogelpackungen! Diese sind in der Kommunikation nicht sehr erfreulich – vor allem wenn wir in diesem Zusammenhang den Partner fürs Leben oder den richtigen Geschäftspartner suchen. Wenn Sie eine schöne Büchse Tomaten kaufen, sind Sie doch auch enttäuscht, wenn nach dem Öffnen der Dose plötzlich Saubohnen zum Vorschein kommen – vor allem, wenn Sie Spaghetti all' arrabiata kochen wollten. Also weg mit der Büchse der Pandora!

Grundlagen unserer Kommunikation

Unsere Kommunikation findet auf drei Ebenen statt. Die allererste, die uns in unserem Leben zur Verfügung steht, ist die *Ebene der Körpersprache*. Auf der nonverbalen Ebene wird miteinander geschmust, geschmatzt, gezankt und versöhnt.

Im Laufe der ersten drei Lebensjahre kommt dann die *sprachliche Ebene* dazu, auch *verbale Ebene* genannt. Dies ist die Ebene, die wir im Laufe unseres Lebens mehr oder weniger gut zu beherrschen lernen. Am Anfang dieses Sprachmarathons werden Sätze verdreht und verfälscht und es werden sprachliche Satzkonstruktionen erdacht und ausprobiert, die den Eltern die Freude, aber auch die Schamröte ins Gesicht treiben. Denken Sie nur an die berühmte Analphase, wo jeder zweite Satz mit „Pipikacka“ anfängt, und aus der so manch erwachsener Mensch bis heute nicht heraus gekommen ist.

Durch diese zwei Ebenen entsteht noch eine dritte Ebene, die mit den anderen in ständigem Kontakt steht: die *tonliche Ebene*. Der Ausspruch „der Ton macht die Musik“ ist jedem bekannt, und jeder kann davon ein Lied singen. Ein unpassender Ton kann einem Gespräch eine Richtung geben, in die man gar nicht zu steuern beabsichtigt hatte: „Ups, eigentlich wollten wir uns aussprechen und jetzt ist sie fort!“

Versuchen Sie einmal, mit einem Schlagzeug eine Dankesrede an einen lieben Verstorbenen zu halten oder mit einer Blockflöte einen Kampfjet zum Kurswechsel zu bewegen! Der Ton macht die Musik!

Sie haben immer die Möglichkeit, „Gesprochenes“ in unterschiedlichen Gemütsverfassungen auszusprechen: neutral, angewidert, vorwurfsvoll, freundlich, affig, belustigt, bösartig und vieles mehr. Sagen Sie den folgenden Satz einmal in diesen verschiedenen Gemütsverfassungen: „Herr Petersen, haben Sie mir die Dokumente von der Firma ‚Schlucker‘ schon bearbeitet?“

Sie können im Spiegel an sich selbst beobachten, wie sich der Ton, aber auch die Körpersprache bei diesen Varianten von einander unterscheidet.

Diese *drei Ebenen* gehören zusammen und wirken auf den Betrachter als eine Einheit. Wird eine Ebene stark unterdrückt (so wie bei Freddy), übernehmen die anderen die Artikulation. Trotzdem benötigen wir in der Kommunikation alle drei Ebenen, denn sie gehören nun einmal zusammen. Benutzen Sie eine Ebene nur wenig, ist es das selbe, als wenn Sie ohne Lenkrad oder Räder Auto fahren wollen. Das funktioniert nicht besonders gut!

In diesem Buch wird weder die sprachliche noch die tonliche Ebene explizit behandelt, sondern ausschließlich die *körpersprachliche* Ebene. Körpersprache ist unsere Muttersprache. Durch sie nehmen wir Kontakt mit unseren Eltern auf, und das nicht erst, wenn wir auf der Welt sind, sondern schon viel früher: schon wenn wir im Mutterleib herumplantschen. Wir geben unsere Saltos und Boxübungen als Signale an Mama ab, die dann plötzlich eine belebende Unruhe in ihrem Bauch verspürt. Mama holt dann Papa und legt ihm die Hand auf den runden Bauch, damit auch er in den Genuss kommt, die kleinen Füßlein oder Ellenbogen seines Sprösslings zu spüren. Das ist Körpersprache!

Wenn wir dann auf der Welt gelandet sind, schreien wir meist ganz fürchterlich, strampeln mit heftigen Bewegungen im Rhythmus unserer Schreie, um kurze Zeit später genüsslich an Mamas Brust zu saugen. Köstlich! Schon in diesem frühen Moment haben sich alle drei Ebenen vereint und werden in Zukunft nur noch im Dreierpack auftreten. Allerdings mit unterschiedlicher Gewichtung.

Wie Kinder von den Erwachsenen lernen, so lernen auch die Eltern aus der Körpersprache der Kinder. Sie lernen, was die Kleinen wollen oder auch gerade nicht wollen, was ihnen gerade missfällt und was ihnen beliebt – und das alles ohne Sprache.

Wenn die verbale Sprache dann dazukommt, wird so mancherlei lustige Satzkonstruktion mit der einen oder anderen Geste begleitet oder unterstützt. Das macht Kindern riesigen Spaß. So quakte ein kleiner Bengel jedes Mal, wenn er seinen Löffel zum 87. Mal vom Hochstuhl auf den Fußboden geworfen hatte, um das „Ursache-Wirkungs-Prinzip“ zu testen, zu seinen Eltern: „Is’ futsch, näh?“

Dann kommt die Pubertät, die für die Eltern eine aufregende und aufreibende Zeit ist, und in der sich so manch einer fragt: „Wie bugsiere ich mich und das Kind möglichst lebend dort hindurch?“ In dieser Zeit ist das Leben eine einzige Baustelle. Bis in die Körpersprache hinein wird der ganzen Welt gezeigt, dass alles, aber auch alles, was bisher an Regeln und Gesetzen aufgestellt wurde, ab jetzt in Frage gestellt wird. Ab dem Moment wird alles anders gemacht, vor allem anders, als die Eltern es wollen. Darin liegt das größte Entzücken der kleinen Süßen, und es gibt Momente, in denen sie den Eltern das Gefühl vermitteln, dass sie es nur darauf abgesehen haben, die Eltern möglichst schnell und effektiv fertig zu machen. Auch hier stecken noch eine Menge Offenbarungen auf der körpersprachlichen Ebene.

Annabelle knallt schon mal die eine oder andere Tür zu, während sie ihr Gesicht zu einer grässlichen Grimasse verzieht, den Kopf mit einem „pöh!“ in die Höhe schmeißt und zielstrebig von dannen rauscht. Fridolin verlässt etwas weniger theatralisch den Raum, aber auch hier wird in der Mimik einer gewisse abfällige Nuance mit eingespielt, die wiederum möglichst cool „rüberkommen“ soll. Na, haben Sie sich auch so benommen? Natürlich nicht, bei Ihnen war das alles ganz anders. Fragen Sie mal Ihre Mutter!

Die Jungen fangen in diesem Alter an, mit allen Körperteilen gleichzeitig zu wachsen, und dies oft mit unterschiedlichen Geschwindigkeiten an verschiedenen Körperpartien. Der gesamte Hormonhaushalt gerät aus den Fugen und die Schuhgröße verändert sich in rasantem Tempo von Größe 36 auf 43. Der Rest befindet sich im Stillstand. Vielleicht wächst aber auch nur die Nase, sodass man zeitweise das Gefühl bekommt, eine Nase kommt zur Tür herein und nicht der eigene Junge! Da ist es doch kein Wunder, dass der Fridolin etwas unbeholfen aussieht, obwohl er denkt: „Mann, bin ich cool man!“

Die Mädchen verlieren den schlanken und athletischen Körperbau, der dann durch gerundete Berge und Täler verschiedenster Couleur ersetzt wird, sodass die Heranwachsende von der Umwelt plötzlich mit anderen Augen wahrgenommen wird. Aus einer Anna wird dann eine Anna*bella* und die Körpersprache wird um weitere Signale erweitert, nämlich um die der sexuellen Signale.

Mädchen und Jungen fangen dann an, in direkten Austausch miteinander zu treten, ab jetzt aber auch auf sexueller Ebene. Was vorher nur als zartes Gefühl vorhanden war, entfaltet sich jetzt zu einer wahren Signalschlacht. Es wird wie wild kokettiert und imponiert – Erotik und Machtkitzel –, um auch diesen speziellen Bereich der körpersprachlichen Ausdrucksmöglichkeiten zu erkunden, der bis dato noch am Schlummern war. Körpersprache wird erkundet und entdeckt. Das Ursache-Wirkungs-Prinzip wird aufmerksam beobachtet. Das, was schon der kleine Bengel vom Hochstuhl aus erkundet hat, wird fortgeführt, und es wird neugierig experimentiert. Wenn Annabelle sich schminkt, ist sie neugierig auf die Wirkung, die sie dadurch hinterlässt. Steckt sich Fridolin „'ne Kippe in den Mundwinkel“, beobachtet auch er neugierig die Reaktion seiner Mitmenschen.

Während die Körpersprache bisher eher androgyn war, wird in dieser Zeit deutlich, dass Frauen und Männer verschieden sind und auch jeweils eine andere Körpersprache benutzen.

Aber nicht nur die geschlechtlichen Unterschiede werden in der Körpersprache des jungen Menschen sichtbar. Auch mit welchen Voraussetzungen man ins Leben startet und wie sich daraus eine eigene Einstellung zur Umwelt entwickelt, ist durch die Körpersprache eines Menschen erkennbar.
Was prägt unsere Körpersprache? Sie wird geprägt von:

- der Genetik,
- der Erziehung und
- der Persönlichkeit.

Diese drei Faktoren beeinflussen im Wesentlichen unsere Einstellung und somit auch unsere Körpersprache, denn alles, was wir denken, fühlen und tun, wird von uns in Bewegung umgesetzt. Es manifestiert sich im Äußeren und wird somit für andere sichtbar. Wenn das Leben eines Menschen beispielsweise durch einen gewissen *melancholischen* Wesenszug gekennzeichnet ist, sind seine Bewegungen eher verhalten und zurückhaltend. Er wird sich durch die Körpersprache anders ausdrücken als der Torero, der vor einem wütenden Stier steht.

Während die Genetik und die Erziehung uns so prägen, dass wir erst einmal vollkommen machtlos sind, kommt bei dem dritten Faktor, der Persönlichkeit, etwas von innen hinzu. Die Persönlichkeit entsteht aus dem Konglomerat der ersten zwei Faktoren und ergibt für jeden Menschen eine neue und individuelle Mischung.

Das ist wie bei einem Kuchen. Sie können mit Mehl, Butter, Zucker und Wasser – die Zutaten, die für die Genetik stehen – die unterschiedlichsten Kuchen fabrizieren, obwohl es die gleichen Zutaten sind: Brandteigkuchen, Rührteigkuchen und Knetteigkuchen. Oder denken sie an ein Auto. Es besteht aus Blech, Plastik, Gummi und Stoff und trotzdem entstehen so unterschiedliche Autos wie Mercedes, BMW, Volvo oder Honda.

Die Genetik

Unsere Genetik prägt unsere Körpersprache zu einem sehr, sehr großen Teil. Es ist genetisch vorbestimmt, ob Sie als Freddy oder Felizia auf diese Welt kommen. Auch ist es ein Unterschied, ob Sie groß oder klein sind, denn als großer Mensch schauen Sie, rein technisch, auf andere Menschen herab, und als kleiner Mensch hinauf. Kleine Männer machen sich dann gerne ein bisschen breiter oder auch lauter, um wahrgenommen werden, denn das Klischee gibt vor, dass der Mann groß zu sein hat und die Frau entsprechend kleiner.

Frauen haben die Möglichkeit, sich hochhackige Schuhe anzuziehen, wenn ihnen die Aussicht nicht ausreicht – wobei dies aber in den meisten Fällen nicht der Grund für das Tragen von hohen Schuhen ist, sondern die Bein-Silhouette, die dadurch verschmälert und somit in den Augen der meisten Menschen verschönert wird.

Die Erziehung

Die Art und Weise, wie wir von unseren Eltern beeinflusst wurden und teilweise noch werden, hat auch unsere Einstellung zum Leben geprägt. Diese Prägung ist so unterschiedlich, wie sie unterschiedlicher gar nicht sein kann.

Nehmen wir einmal das Beispiel der antiautoritären oder autoritären Erziehung. Ein Kind, das fast alles tun und lassen darf, ist gezwungen, sich schon sehr früh für eine Sache zu entscheiden. Das hört sich erst einmal gar nicht so verkehrt an. Aber woher soll es denn in einem zarten Alter von einem Jahr wissen, ob etwas gut oder schlecht, sinnvoll oder unsinnig, gefährlich oder ungefährlich ist? Dieses Wissen lernen wir durch unsere Eltern, indem sie uns diese Dinge im täglichen Leben vorleben und uns erklären, was richtig und was falsch ist.

Natürlich müssen wir unsere eigenen Erfahrungen machen, da ist nichts dagegen einzuwenden, aber wenn wir immer alles tun dürfen, was wir wollen, und nie die Erfahrung machen, dass jemand Nein zu uns sagt, dann setzt sich diese Einstellung in unserem Bewusstsein fest. Wenn wir aber gelernt haben, mit einem Nein umzugehen, wachsen wir mit unserer Widerstandskraft an diesem Nein und lernen auch die Kritik kennen, die wir so dringlich brauchen, um uns weiterzuentwickeln. Konfliktfähig zu sein ist eine absolut überlebensnotwendige Tatsache geworden. Schauen Sie sich doch einmal in Ihrem Bekanntenkreis um. Da werden Sie Eltern finden, die ihren Kindern sehr viel, vielleicht zu viel, erlauben – diese Kinder sind schon die zweite Generation, die antiautoritär erzieht, nur mit dem kleinen Unterschied, dass diese Erziehungsform früher eine gewollte Erziehungsform war. Heute können diese Eltern einfach nur nicht Nein sagen, weil Sie selbst keine Neins zu hören bekommen haben.

Und was hat dies nun mit der Prägung unserer Körpersprache zu tun? Es gibt Kollegen, die persönlich sofort getroffen und zutiefst verletzt sind, wenn wir eventuell Kritik an der gemeinsamen Arbeitsweise äußern oder wenn wir auf die Frage „Würdest Du morgen für mich einspringen?“ mit Nein antworten. Menschen, die keine Kritik vertragen und diese auch nicht geben können, haben eine andere Körpersprache als Menschen, die sich mit Dingen und Situationen auseinander setzen und auch mal Gegenwind spüren. Ob Sie wollen oder nicht, Sie sind hier durch die Erziehung Ihrer Eltern geprägt worden, und es liegt irgendwann an jedem selbst, ob man sich davon lösen will oder diese Erziehung so akzeptiert und mit ihr weiterlebt.

Natürlich werden wir nicht nur von unseren Eltern erzogen, sondern, gerade in der Pubertät, sehr stark auch von unserer Umwelt und der Gesellschaft, in der wir leben. Die erste Gesellschaft, die wir in unserem Leben genießen und von der wir auch erzogen werden, ist die *Kindergarten-Gesellschaft*. Schon hier prägen sich einige Erfahrungen tief in das Seelchen ein. Diese Erfahrungen werden später in der Schule sogar noch verstärkt erlebt. Hören wir überall, dass wir zurückgeblieben sind, obwohl wir vielleicht aufgrund unseres phlegmatischen Temperaments einfach nur langsam sind, prägt sich diese Erfahrung in unsere Einstellung ein und wir werden zum Thema „zurückgeblieben“ eine andere Stellung beziehen, als ein flinker Musterschüler es tun würde. Es ist außerdem ein Unterschied, ob wir in einer Hauptschule, einer Gesamtschule, eine Waldorfschule, einer Montessori-Schule oder auf einem Gymnasium zur Schule gingen, denn durch diese Schulformen landen wir meist automatisch in einer bestimmten *Clique*.

Das ist die zweite Gesellschaft, die uns prägt: Die Clique, so haben Wissenschaftler herausgefunden, hat ab dem 14. Lebensjahr den stärksten Einfluss auf unsere Lebenseinstellung und ist eine der prägendsten Gesellschaften der ersten Lebensjahre. Wehe, diese *Cliquen-Gesellschaft* hat Unsinn im Sinn ...

Dann beginnen wir ein Studium oder eine Lehre: und auch hier werden wir wieder von unterschiedlichen Gesellschaften geprägt. Gehen wir ins Handwerk, z.B. auf den Bau, um Maurer zu werden, werden unsere Erfahrungen andere sein, als wenn wir ins Bankgeschäft einsteigen. Auf dem Bau sollten Sie anpacken können, nicht zimperlich, kräftig gebaut und handlungswillig sein, und nach einigen Jahren in diesem Beruf bringt dann die Körpersprache genau diese Fähigkeiten zum Ausdruck. Stellen Sie sich einen Bauarbeiter vor, wie er zu Ihnen sagt: „Alles klar, Mann?“. In einer Bank oder im Servicecenter ist allerdings ein ganz anderer Stil wichtig. Hier ist höfliche Aufmerksamkeit und ein freundliches, aufrechtes und gepflegtes Äußeres gefragt. Die höfliche Frage: „Wie kann ich Ihnen helfen?“, ist da eher angebracht.

Um bestimmte körpersprachliche Besonderheiten deutlich zu machen, bediene ich mich gern der gängigen Klischees, da sie jeder kennt und sofort weiß, in welche Richtung meine Erklärungsversuche weisen. Die Gesellschaft, in der wir leben, prägt also enorm, *aber nicht unwiderruflich* unsere Körpersprache.

Die Persönlichkeit

Sie haben sich sicherlich schon gefragt, ob wir denn komplett fremdbestimmt sind – ob unsere Sprache und Körpersprache nur auf Grund unserer Genetik und Erziehung entstanden ist.

Ja, bis zu einem gewissen Alter auf jeden Fall.

Welches, das weiß man nicht so genau, denn da streiten sich die Wissenschaftler noch. Dieser Prozess beginnt bewusst mit Anfang 30 und endet erst mit der Verabschiedung aus diesem Leben. Leider gibt es sehr viele Menschen, die mit etwa 30 Jahren schon mit allem fertig sind und tatsächlich der Überzeugung sind, dass sie schon alles Wissenswerte wissen, um dann geradewegs auf die Rente zuzusteuern und damit glücklich zu sein.

Im Alter von ungefähr 30 Jahren fangen wir aber erst an, über das bisher Gewesene nachzudenken und dieses zu reflektieren. Und das ist auch wichtig. Erst wenn wir wissen, warum wir die Dinge so machen, wie wir sie machen, sind wir in der Lage, sie auch zu verändern. Ansonsten befinden wir uns nur in der Nachahmung und das, was man als Individualität bezeichnet, ist nur ein billiger Abklatsch unserer Eltern.

In dieser Zeit tauchen z.B. Fragen auf, wie aus welchem Elternhaus wir kommen und was für eine Beziehung wir zu unseren Eltern hatten. Wir fangen an, uns von den Meinungen unserer Freunde und der eigenen Eltern zu distanzieren, um uns selbst eine Meinung zu bilden.

Welche Aspekte der Körpersprache durch die *Genetik*, die *Erziehung* oder aus der eigenen *Persönlichkeit* und der dazu gehörigen Einstellung entstanden sind, kann jeder nur für sich selbst aufdecken. Wichtig ist in diesem Zusammenhang, dass wir lernen uns gegenseitig zu respektieren, denn wie wir gesehen haben, sind wir alle sehr unterschiedlich „konzipiert" und keine gleich gepolten Roboter. Für unsere Kommunikation heißt dies, dass wir uns gegenseitig in unserer Andersartigkeit respektieren sollten und nicht für andere entscheiden sollten, was *man* tun oder lassen darf.

Die Wahrnehmung der Umwelt ist genauso unterschiedlich wie die Erfahrungen, aus der diese Wahrnehmung entstanden ist. Es entstehen „Landkarten" in unserem Gehirn, nach denen wir uns orientieren. Diese Landkarten sind stellvertretend für unsere Einstellung zum Leben und *wie* wir die Welt sehen. Also: Unterschiedliche Erfahrungen ergeben eine unterschiedliche Wahrnehmung.

Wieder taucht die Frage auf: Was hat das denn mit der Körpersprache zu tun?

Jeder hat also eine andere Wahrnehmung von seiner Umwelt und schaut, bezüglich der Körpersprache, auch auf unterschiedliche Signale. Die Wahrnehmungsbrille, die jeder auf der Nase sitzen hat, ist deswegen also auch in Bezug auf die Körpersprache unterschiedlich eingefärbt. Einige Menschen schauen durch eine rosarote Brille, sie sehen alles positiv oder auch naiv, weil Sie bisher rosarote Erfahrungen im Leben gemacht haben. Diese Menschen haben dann viel Gutes erfahren und für sie ist das Glas immer halb voll.

Andere sehen durch eine schwarze Brille und haben unter Umständen nur ein halb leeres Glas, da sie viele negative Erfahrungen gemacht haben. Diese Erfahrungen haben eine unendliche Spannbreite und können für jeden etwas anderes sein. Die Wahrnehmung ist immer subjektiv, doch nehmen wir bestimmte Körpersignale ähnlich wahr, weil wir in der selben Gesellschaft aufgewachsen sind, vor allem wenn es um die *„starken Signale"* in der Körpersprache geht. Ein Lächeln ist z.B. als nichts anderes zu interpretieren als eben ein Lächeln – ob man eine rosarote oder schwarze Brille aufhat, ist unerheblich. Welche Einstellung aber zu diesem Lächeln bei dem einzelnen Menschen entsteht, ist dagegen sehr unterschiedlich. Der eine kann als charmantes Lächeln bezeichnen, was der andere als hämisch grinsende Grimasse versteht.

Die sieben Elemente der Körperrhetorik

Die *sieben Elemente*, die wir im Folgenden erkunden werden, sind den sieben Wochentagen zugeordnet. Das ist hilfreich beim Erlernen der Körperrhetorik, denn Sie können sich jeden Tag ein Element herausnehmen und mit diesem üben.

Üben? Ja, üben. Körpersprache will gelernt und geübt sein. Sie hat so etwas wie eine Grammatik, einen Grundwortschatz und eine Aussprache, und es ist kaum möglich, einen Lerneffekt zu erzielen, wenn Sie sich nicht täglich damit beschäftigen.

Geübt wird auf zweierlei Weise:

1. durch körperliche Betätigung und
2. durch Hinschauen.

Erstens finden Sie heraus, wie sich andere Menschen bei einer bestimmten Bewegungsart fühlen. Das nennt man *Empathie*, was bedeutet, sich in den anderen hineinzuversetzen. Wenn Sie also eine bestimmte Bewegung ausführen, stellen sich dazugehörige Gedanken und Gefühle ein.

Zweitens müssen Sie üben, genau *hinzuschauen*! Körpersprache zeigt Gefühle und macht diese sichtbar. Hinter jedem Gefühl steckt ein Gedanke. Lesen wir also die Körpersprache eines Menschen indem wir genau hinschauen, werden seine Gedanken für uns sichtbar.

Gebrauchsanleitung

Vorab einige Bemerkungen, die Ihnen die Arbeit mit diesem Praxisteil erleichtern sollen.

Maskuline Formulierung. Alle Typen, es sei denn, es ist explizit erwähnt, sind androgyner Natur. Ein arroganter Pinsel oder auch ein neugieriges Huhn kann genauso in weiblicher wie auch in männlicher Form vorkommen. Wenn ich z.B. sage: „Er hat einen aufrechten Gang", meine ich meistens damit, dass *der Mensch oder der Typ* einen aufrechten Gang hat – in der deutschen Sprache maskulin.

Verständlichkeit. Wenn Ihnen eine Beschreibung nicht sofort vor dem inneren Auge erscheint, dann springen Sie kurz in die Übung hinein und lesen erst dann weiter. Das wird helfen! Körpersprache ist nicht immer so einfach zu beschreiben und zu verstehen.

Wiederholungen. Dies ist ein Arbeitsbuch und kein Roman. Denken Sie sich also nichts dabei, wenn Inhalte in veränderter Form ein zweites oder drittes Mal in diesem Buch erscheinen. Wiederholungen haben den Vorteil, dass sich ein Inhalt besser im Gehirn platziert und wir es dann besser behalten können. Darum geht es mir.

Standpunkt. Sie möchten mit diesem Buch lernen, die Gedanken anderer zu lesen. Dazu müssen Sie wissen, wie sich z.B. ein neugieriger Blick *anfühlt*. Deswegen müssen Sie wiederum alle körpersprachlichen Signale auch selbst *ausführen*. Der dazugehörige Gedanke stellt sich dann fast von alleine ein. Aus dem Grund formuliere ich die Übungen so, dass Sie bei allem erst einmal von sich selbst ausgehen müssen und z.B. einen neugierigen Blick nachmachen müssen, um sich dann vorstellen zu können, wie sich der andere bei dieser Haltung fühlt und was ihm dabei für Gedanken kommen.

Also: Hinschauen – nachmachen – hineinfühlen – reflektieren - Gedanken lesen. Ohne hinzuschauen und ohne nachzumachen, werden Sie keinen einzigen Gedanken Ihrer Mitmenschen lesen können!

Klischee. Sie werden sehen, dass ich mich in diesem Buch oft der gängigen und vielleicht auch oberflächlichen Klischees bediene. Wenn ich in Klischees spreche, wissen Sie schneller, welchen Typ ich meine. Ich nehme sie mir zur Hilfe, um Sie als Leser in eine bestimmte Richtung zu lenken. Auch die männlichen und weiblichen Klischees finden bei mir Gehör. In jedem Klischees ist auch ein Fünkchen Wahrheit verborgen. Also lassen Sie sich von zugespitzten Beschreibungen nicht ärgern, sie dienen nur der besseren Verständlichkeit.

1. Element, Montag

Ich sehe was, was du nicht siehst – Die ungeschriebenen Gesetze des zwischenmenschlichen Miteinanders

Sie alle kennen die Straßenverkehrsordnung StVO. Sie ist ein Regelwerk, das dem Autofahrer und dem Fußgänger den Verkehr durch vereinbarte Regeln auf der Straße erleichtert.

Ähnliche Regeln existieren auch im zwischenmenschlichen Miteinander, nur dass die meisten dieser Regeln nicht als Gesetz schriftlich festgehalten sind. Über die 40.000 Jahre hinweg, in denen der Homo sapiens in Gemeinschaften lebte, haben sich Verhaltensweisen entwickelt – ähnlich die der StVO –, die es uns ermöglichen, miteinander auszukommen.

Der Mensch ist ein soziales Wesen und lebt in der Gemeinschaft, weswegen er Regeln benötigt. Würden alle Menschen in einzelnen Behausungen jeweils 15 km von einander entfernt leben, so bräuchten sie keine Regeln – höchstens ein paar kleine Hausgesetze. Gehen Sie mal durch eine Vorstadtsiedlung, Haus an Haus, Garten an Garten und Zaun an Zaun. Ich denke, dass die Menschen es so dicht an dicht mögen. Man fühlt sich ein bisschen wie eine Herde Schafe, die sich vor dem bösen Wolf schützen will.

Übertragen Sie dieses Bild auf das einzelne Individuum, so werden Sie feststellen, dass die Gewohnheit, ein Stückchen Erde für sich zu beanspruchen, ohne dass der andere dort hinein darf, immer wieder im täglichen und sogar nächtlichen Miteinander auftaucht. Mein Stuhl, mein Teller und meine Betthälfte. Das nennt man in der modernen Verhaltenspsychologie den Territorialanspruch, der mit den *Distanzzonen* in Zusammenhang steht. Das sind die Zonen, die um jeden Menschen herum existieren – ähnlich wie die Bannmeile um das Parlament.

Aus diesem Territorialanspruch entsteht selbstverständlich auch ein Territorial-*Verhalten*, damit der andere auch sieht, wo er sich befindet. Sich „verhalten“ bedeutet hier sich bewegen – und *Bewegung* bedeutet Körpersprache. Und selbst wenn wir uns nicht bewegen: wir können nicht, nicht wirken!

Als unsere fernen Vorfahren noch mit Keulen und Stöcken herumliefen, wurde nach dem Prinzip des Stärkeren gelebt und gehandelt. Der Stärkste in der Gruppe, der sich unter der Ansammlung von Keulenträgern behaupten konnte, wurde geachtet und zwangsläufig akzeptiert, sonst gab's eins über den Schädel. Das ist übrigens in heutigen Teams und auch Familien nicht anders. Auch da gibt es die sogenannten Alpha-Rüden, die gerne die „mentale Keule“ herausholen oder sich auf die physisch nicht mehr vorhandene Gorillabrust trommeln.

Er, der Stärkste, hatte den höchsten Machtanspruch. Das spiegelte sich natürlich auch in der größten Höhle wider, aber auch in der körperlichen Distanz seiner Sippenmitglieder zu ihm. Er konnte Macht und Ansehen durch körperliche Stärke beweisen, z.B. durch das regelmäßige Heranschaffen von Nahrung, die zum Verzehr für die Allgemeinheit bestimmt war. Er, der Chef, schuf sich so seine Freiräume in seiner Gesellschaft. Die anderen akzeptierten diese Macht und gewährten ihm diesen Freiraum auch. Einen fetten Mercedes der S-Klasse könnte man übrigens heute im übertragenen Sinne auch als eine Art von Keule bezeichnen, mit der man sich in unserer Gesellschaft Macht und Ansehen verschafft.

Auch im 21. Jahrhundert geht es um Macht und Ansehen und um das Bestreben, sich Freiräume zu schaffen. Keiner würde sich z.B. erlauben, einem Polizisten nahezutreten, ihm in seinen persönlichen Freiraum hineinzutapsen. Durch die Uniform verweist er uns automatisch auf einen respektvollen Abstand.

Der Unterschied zwischen dem Polizisten und dem Sippenhäuptling von damals ist lediglich der, dass der Polizist sein Ansehen nicht nur durch körperliche Tatkraft, sondern durch seine Ausbildung und seinen Rang sowie durch die Übertragung der Macht des Staates erlangt hat.

Alle Polizisten leben mit dem Instrumentarium der Macht. Das müssen sie. Von Territorien, Distanzzonen und dem ersten Eindruck sowie von den ungeschriebenen Gesetzen des Miteinanders handelt das erste Element.

Der Countdown läuft – Der erste Eindruck

Der erste Eindruck entsteht in Bruchteilen von Sekunden. Blitzschnell und scheinbar willkürlich reißen wir unsere Schubladen auf und schmeißen sie wieder zu. Einer koketten Blondine mit High Heels, Leoparden-Minirock und langen roten Fingernägeln trauen wir auf dem Folterstuhl eines Günther Jauch im ersten Moment nicht gerade den Millionen-Gewinn zu. Einem hageren, grau melierten Mann, mit hoher Stirn, Fliege und Brille, unter dem karierten Sacko eine Weste, gestehen wir diesen Gewinn schnell und ohne Zögern zu.

Tatsache ist, dass *wir alle* diverse Schubladen besitzen, die uns die erste Einschätzung des Mitmenschen erleichtern. Das sind persönliche Vorstellungen oder Visionen, wie ein Mensch von außen aussieht und auszusehen hat: so genannte Klischees.

Wir scannen in Nanosekunden die Mimik, die Gestik, die Bewegung, das Alter und das Geschlecht ab, um die erste und wichtigste Frage zu stellen: Freund oder Feind? Will er mir mein Territorium wegnehmen oder lässt er es in Ruhe? Von der Beantwortung dieser Frage hängt es wiederum ab, ob wir diesen Menschen mögen oder nicht mögen.

Das heißt selbstverständlich nicht, dass Sie dieselben Menschen mögen wie ich. Denken Sie noch einmal an unsere Landkarten: Wahrnehmung ist immer subjektiv. Das heißt, dass Sie Bruce Willis nicht genauso mögen müssen wie ich. Jeder schaut durch eine andere Brille, nimmt Menschen unterschiedlich wahr. Trotzdem existieren gesellschaftliche Klischees, durch die sich unsere Brillen ähnlich einfärben.

Auch Sie kennen den oben beschriebenen Frauentyp in Blond, nennen wir sie für einen Moment *Peggy*. Es liegt in der Natur von Peggy, konträre Reaktionen auf ihr Erscheinen hervorzurufen. Einige Typen scheinen allein durch ihren Auftritt dermaßen abgelenkt zu sein, dass sie ihren eigentlichen Gesprächspartner komplett vergessen. Man könnte sogar meinen, feine unsichtbare Fäden von Spucke aus dem leicht geöffneten Mund eines Mannes fließen zu sehen.

Exkurs: Was sind Klischees?

Klischee bedeutet so etwas wie „Schablone". Wir benutzen sie, um uns möglichst schnell ein Bild von einem anderen Menschen zu verschaffen, um uns eine Meinung über diesen zu machen.

Eine Schablone ist eine vorgefertigte Form. Wir benutzen sie, um von einem Gegenstand einen vollkommen identischen „Zwilling“ zu machen. Im Zusammenhang mit der Körpersprache hat diese Schablone eine ähnliche Bedeutung.

Nehmen wir die Beschreibung der Blondine Peggy. Sie ist die Beschreibung eines bekannten Klischees und der Abdruck einer Schablone. Jedes Mal, wenn man also einem ähnlichen Menschen wie der Blondine begegnet, setzt man sich die Blondinen-Schablone vor das innere Auge. Wenn die Blondine jetzt aber nicht haargenau in die vorgestellte Schablone hineinpasst, kann es sein, dass man sie passend macht, so lange, bis sie dem Klischee entspricht. Dann kann man sie mitsamt ihrem Klischee in der passenden Schublade ablegen.

Warum bedienen wir uns der Klischees? Es hilft uns, Menschen besser einschätzen zu können. Wir haben mit Klischees schon unsere Erfahrungen gemacht. Wir haben Schränke voll mit Schubladen und wissen sehr schnell, wo sich was befindet. Sie wissen doch auch, in welcher Schublade sich Ihre Socken befinden und was diese für einen Sinn haben. Sie kennen Ihre Socken und deren Nutzen aus dem Effeff.

Mit neuen Bekanntschaften haben wir noch keine Erfahrungen gemacht. Sie sind somit für uns erst einmal schwerer einzuschätzen als Menschen, die uns bekannt sind. Nun bekommen wir also einen ersten Eindruck (über die Körpersprache und vor allem auch über die Kleidung) und nehmen ein Klischee zur Hilfe, um uns die Einschätzung zu erleichtern. Die Fähigkeit, einen Menschen schnell einzuschätzen, ist für uns moderne Menschen enorm wichtig, wie wir schon gehört haben, da ja unsere Kommunikationsprozesse immer schneller ablaufen. Wir haben Tausende von Bekanntschaften oder einfach nur Begegnungen innerhalb kürzester Zeit. Bei jeder Begegnung müssen wir schnell wissen, ob unser Gegenüber Freund oder Feind ist.

Ein Klischee ist aus der eigenen Erfahrung mit unseren Mitmenschen, aber auch über Bücher, Erzählungen und über die Medien geprägt worden. In der Kommunikation ist es für den Einzelnen wichtig, sich dieser Klischees bewusst zu werden, damit wir nicht ungerecht werden und Menschen, die wir nicht kennen, in Schubladen stecken, aus denen sie vielleicht gar nicht mehr herausdürfen.

Das wäre doch ungerecht, oder? Einen Menschen „mal eben" einzuschätzen, ihn ad acta zu legen, und das alles nur, weil man zu faul ist, sich weiter Gedanken zu machen – das wäre unfair und auch nicht sinnvoll. Viele Mitmenschen entsprechen nämlich nur auf den ersten Blick dem Klischee und passen nach einer Weile nicht mehr in die ausgewählte Schablone hinein. Da sie aber schon in den Schubladen stecken und der eine oder andere sie sogar abgeschlossen hat (Schlüssel weggeworfen!), stehen die Chancen schlecht, neue Sichtweisen für diese Menschen zu entdecken.

Schließen Sie also Ihre Schubladen nicht ab, dann beschneiden Sie den anderen auch nicht in seiner Persönlichkeit und schaffen es, sich selbst die Freiheit für die gerechte Beurteilung von anderen zu lassen.

Sie alle kennen die Klischees, die vor allem durch die Kleidung geprägt werden: vom Skin und dem Punk, aber auch vom Sohn reicher Eltern und vom Anzughengst, der zur Marke Versicherungsvertreter gehört. Jeder von uns bevorzugt eine gewisse Kleidung, die ihm die Zugehörigkeit zu einer bestimmten Gruppe sichert. Bewusst gewählte Klischees sind der Ausdruck einer freiwilligen Zuordnung. Das ist wichtig. Sie entstehen nicht einfach so, sondern wir legen sogar ordentlich Hand an, um diesen Klischees zu entsprechen. Denken Sie nur an das Auto, des Deutschen liebstes Kind. Die Wahl des Autos fällt auch in die Kategorie der Klischees.

Klischees sind nichts Verwerfliches, wie es einige Menschen sehen, sondern eine Orientierungshilfe und ein Hinweis auf eine bestimmte Gruppenzugehörigkeit. In ungewohnten und neuen Situationen helfen sie uns bei der schwierigen Einschätzung, ob wir uns ein Freund- oder Feindbild vom Gegenüber machen können. Später ist es wichtig nachzuforschen, ob dieser Mensch tatsächlich dem Klischee entspricht, dem ich ihn zugeordnet habe.

Natürlich existieren auch ganz unbewusst gewählte Klischees. Dann kann der Einzelne gar nicht sagen, zu welchem Klischee er eigentlich gehört. Er weiß also nur bedingt von seiner Wirkung auf andere. Und es gibt ein paar wenige Menschen, die in *kein* Klischee hineinpassen. Diese Menschen sind für uns schwer einzuschätzen, sodass dieser Umstand Kommunikationsprobleme hervorrufen kann. Ein Freund behauptete neulich steif und fest, dass er in *kein*

Klischee hineinpasse. Ich musste schmunzeln, denn er ist eindeutig ein Altrocker und wird zu seinem Leidwesen von seinem in Anzug gekleideten Bankberater auch so behandelt.

Übung

Wenn Sie Lust aufs Verkleiden haben, ziehen Sie sich doch mal anders als sonst an und gehen Sie mit Freizeitklamotten zur Arbeit, sofern es in Ihrem Unternehmen geduldet wird. Benutzen Sie die Kleidung einer komplett anderen Gruppenzugehörigkeit, wie in den Beispielen oben beschrieben. Ziehen Sie statt der feinen und spitzen Stöckelschuhe mal Turnschuhe an oder auch umgekehrt. Das Feedback von der Umwelt wird ein anderes sein: Sie werden nämlich plötzlich von einem anderen Menschentyp angeschaut, der Sie sonst nicht beachtet, und umgekehrt werden Sie auch von anderen Menschen ignoriert.

Bei einer „verkleideten“ Frau wird dieses Phänomen sehr deutlich. Männer reagieren stark auf Kleidung, vor allem wenn sie sexy ist – was nicht zwangsläufig heißt, dass sie an der nächsten Ecke noch wissen, was die Frau anhatte. Sie wissen aber noch, wie es gewirkt hat. Frauen wissen meist genau, wer was anhatte, da sie einen besseren Blick für Details besitzen. Außerdem reagieren sie auf das, was *in* der Kleidung steckt, denn sie sind Meister, wenn es um das Analysieren von Menschen geht.

Das eigene Gefühl verändert sich bei unterschiedlicher Kleidung sehr stark. Viele Freiberufler benutzen diesen Trick, wenn sie morgens von ihrem inneren Schweinehund zu ihrem Büroplatz in der Wohnzimmernische gestoßen werden, und werfen sich auch im „Hausbüro“ in Schale. Mit Businesskleidung fühlt man sich oft disziplinierter und somit arbeitswilliger als in Morgenrock und Pantoffeln.

Also

Klischees vermitteln eine gewisse Gruppenzugehörigkeit. Eine Sicherheit. Wir suchen uns das *zu uns* passende Outfit aus. Nur wenn Sie wissen, welcher Klischees Sie sich selbst bedienen, können Sie die Reaktionen auf Ihre Erscheinung verstehen.

Umgekehrt hilft uns die „Klischee-Verpackung", die unsere Mitmenschen bewusst oder unbewusst auswählen, beim Gedankenlesen. Sie gibt einen Hinweis auf das Wertesystem des Menschen. Welche Werte sind für ihn wichtig: Autorität, Sachlichkeit oder freundliche Coolness?

Wie erhalten wir aber selbst ein Feedback zu unserem ersten Eindruck? In welcher Schublade landen wir selbst?

Wir können selbstverständlich einen Kollegen nach unserem ersten Eindruck auf ihn befragen. Er wird dann irgendwas von „freundlich und irgendwie nett" erzählen, woraufhin wir genauso viel wissen wie vorher. Wer gibt einem schon eine ehrliche Auskunft auf die eigene Wirkung? Selbst wenn einige es wollten, so haben sie vielleicht nicht das Handwerkszeug dazu, da sie sich nie mit diesem Thema beschäftigt haben.

Wozu sollte man den überhaupt wissen, wie man auf andere wirkt? Nun, wenn wir selbst herausfinden, wie wir auf andere wirken, können wir die *Reaktionen* auf das eigene Erscheinen besser verstehen. Wenn Peggy die Signale auf ihr Erscheinen *versteht*, wird sie sich in Zukunft davor hüten, sich dem Klischee entsprechend zu kleiden – oder sie sagt sich einfach: „Das ist mir egal!" Das ist wahre emotionale Intelligenz!

Nehmen wir an, dass unsere Peggy ein intelligentes, belesenes und scharfsinniges Bild von sich selbst hat. Was bedeutet das für ihre Kommunikation mit anderen Menschen? Sie wird wahrscheinlich in der Regel nach dem äußerlichen ersten Eindruck behandelt: nach dem Klischee. Wie behandeln Sie eine typische Peggy? Schön langsam und deutlich sprechen und …! Nein, das tun Sie natürlich nicht. Aber sicherlich wird sie nicht die Reaktion von Menschen erhalten, die sie sich wünscht. Das kann passieren, wenn einem die eigene Wirkung auf andere nicht bewusst ist.

Ist Peggy sich aber ihrer eigenen Wirkung auf andere bewusst, eben der Wirkung einer leckeren Mieze im Leoparden-Mini, kann sie dieses Klischee durch sprachliche und körpersprachliche Äußerungen relativieren. Im Gespräch mit Manni kann sie ihn darüber aufklären, dass er sich auf der falschen Fährte befindet – sich sozusagen im Revier verirrt hat.

Übung

Die Frage *wie Sie auf andere wirken* ist keine Frage, die sie sich sofort beantworten können. Mit einiger Übung wird es aber im Laufe der Zeit möglich sein, zumindest eine recht gute Ahnung davon zu bekommen.

Dazu müssen Sie Ihre eigene Körpersprache bewusst wahrnehmen und bewusst die Reaktionen darauf sehen, erkennen und dann deuten lernen.

Der Spiegel Ihres Selbst liegt in Ihrem Gegenüber und in dessen Reaktionen auf Sie.

Achten Sie doch einmal in der nächsten Zeit verstärkt auf Reaktionen von anderen (z.B. von Freunden, Partnern, Kollegen und Fremden), die Sie durch Ihr Erscheinen auslösen. Sie müssen sich jetzt nicht extra laut und auffallend durch die Gegend bewegen, sondern achten Sie auf kleine alltäglichen Signale. z.B. darauf, wie Menschen auf Ihr Lächeln reagieren. Lächeln Sie doch mal gezielt Ihren Zeitungsverkäufer an, wenn Sie bei ihm gerade eine Zeitschrift oder Zigaretten kaufen. Diese Reaktionen sind interessant und aufschlussreich.

Sie können auch einmal sehen, was passiert, wenn Sie überhaupt nicht lächeln – wenn Ihnen z.B. die Kellnerin im Restaurant die Speisekarte oder die Rechnung bringt (bitte nicht zu oft!). Am auffälligsten ist es, wenn Sie das ausprobieren, was Ihnen nicht nahe liegt. Ein Viel-Lächler sollte dann also zum Nicht-Lächler werden und umgekehrt. Letztlich geht es in dieser Trainingseinheit immer darum, unsere Wahrnehmung von den Mitmenschen zu sensibilisieren. Ach, Sie wissen nicht, ob Sie ein Viel-Lächler oder Wenig-Lächler sind? Dann müssen Sie das erst einmal heraus finden ...

Es ist nicht nur wichtig, die eigene Wirkung auf andere zu verstehen, sondern auch in der Lage zu sein, andere im ersten Moment einer Begegnung gerecht und schnell zu beurteilen. In unserer „Schneller-höher-weiter-besser-Welt" ist das eine der wichtigsten Fähigkeiten, um in der Kommunikations-Arena zu bestehen. Diese Fähigkeit trainieren Sie in den folgenden Elementen.

Also

Lernen Sie zum einen, bei der Erstbegegnung mit anderen Menschen die Signale auf Ihr *eigenes* Erscheinen zu lesen – dann lernen Sie auch etwas über sich.

Lernen Sie zum anderen, sich selbst weniger ernst zu nehmen, denn dann können Sie sich wirklich auf den anderen konzentrieren.

Der Handschlag und seine Entschlüsselung

Längst schon ist der Countdown des ersten Eindrucks vorbei, wenn wir auf einen Gesprächspartner, den neuen Boss oder die Schwester des besten Freundes, und deren Hand treffen.

Eine wilde Flut von Eindrücken ist bis dato auf uns niedergeprasselt, von denen sich nur die stärksten durchgesetzt haben – beispielsweise ein nettes Lächeln im adretten Designerkostüm oder ein verbissener Gesichtsausdruck in coolen Werberklamotten.

Der Moment, in dem die Hand in Designerkostüm auf die in Werberklamotte trifft, ist ein sehr unbewusster Moment, in dem die Wahrnehmung auf einen festen oder schlaffen Händedruck begrenzt ist. Dabei gibt es noch viel mehr spannende Signale. Einige bemerken noch den gesuchten oder den verwehrten Blicckontakt, bevor Klamotte und Kostüm miteinander kommunizieren – mehr nicht.

In dem Moment, in dem das Gespräch beginnt, prasseln weitere Eindrücke auf uns ein: die Sprache und der Tonfall, also was gesagt wird und *wie* es gesagt wird.

Diese zwei Ebenen schieben sich jetzt in den Vordergrund, je nachdem, wie viel Raum man ihnen gibt. Die körpersprachliche Ebene, der erste Eindruck, der Blicckontakt und der Handschlag bei der Begrüßung sind jetzt von uns ins Unterbewusstsein verdrängt worden. Beim Kommunizierenden sind nun sämtliche Alarmanlagen entschärft, die durch körpersprachliche Signale aufblinken konnten.

Jetzt erfahren wir mit dem Handschlag und den dazugehörigen Signalen wie z.B. Abstand und Augenkontakt viel Wahres über unseren Gesprächspartner. Wir erhalten vor allem auch Hinweise, die er selbst niemals so formulieren würde. Kein Mensch sagt: „Schönen guten Tag, ich bin Hans Meier und ich bin skeptisch und zurückhaltend." Hinweise, die Gold wert sind, um mit Menschen kommunizieren zu können.

Unser Gegenüber hat zwar unterschiedliche Rollen, in die er je nach Situation hineinschlüpft – was ausschließlich unbewusst und nicht vorsätzlich geschieht. Trotzdem sehen wir Eigenschaften an ihm, die uns die Kommunikation mit ihm erleichtern und verbessern.

Rollen sind übrigens nichts Verwerfliches; wir haben alle ein großes Repertoire davon. Da gibt es z.B. den Rollenwechsel der Frau, die in der Nacht eine leidenschaftliche Ehefrau und am Tag eine hingebungsvolle Mutter ist. Das sind zwei Eigenschaften, die von unserer Gesellschaft (der Gesellschaft der abendländischen Kultur) nicht als Einheit akzeptiert werden, sehr wohl aber insgeheim erwünscht werden.

Auf welche von diesen beiden Rollen man stößt, ist abhängig davon, welche Rolle diese Frau gerade in den Vordergrund rückt. Und das ist wiederum von ihrem Gegenüber abhängig. Steht beispielsweise eine andere Mutter vor ihr, wird sie wahrscheinlich die Rolle der Mutter in den Vordergrund stellen. Steht vor ihr ein attraktiver Mann, wird sie vielleicht die Rolle der leidenschaftlichen Frau hervorschimmern lassen. Was *wir* dann wahrnehmen, hängt also von uns als Person und von der Situation ab. Sie sehen, Rollen gehören zu uns und werden in vielen Varianten gespielt.

Zurück zum Handschlag: Nicht jeder Mensch mag es, die Hand von fremden Menschen zu berühren. Diese Typen ziehen sich vor körperlichem Kontakt zurück und behaupten, dass sie diesen „nicht mögen". Berührung mit Mami war das Erste, was wir in unserem Leben erfahren haben, und diese Erinnerung wollen wir uns doch nicht „verderben". Man hat herausgefunden, das zu früh geborene Säuglinge bessere Überlebenschancen hatten, wenn sie regelmäßig und über den Tag verteilt ihre Streicheleinheiten von Eltern und Pflegeschwestern erhielten. Berührung ist also etwas Überlebenswichtiges.

Die sieben folgenden Handschlag-Begrüßungsarten können wir überall beobachten und sie mit einem geübten Auge (trotz der Signalflut des ersten Kontakts) unterscheiden lernen.

1. Klare Ansage
2. Waschlappen
3. Blicckontakt
4. Ausgestreckter Arm
5. Zieher
6. Schüttler
7. Grabbler mit zwei Händen.

1. Die klare Ansage oder der beherzte Händedruck

Alle Menschen empfinden den beherzten Händedruck als ehrlich und direkt. Er ist mit einem gewissen Druck der einen Hand auf die andere Hand verbunden. Eine klare Ansage. Untersuchungen haben ergeben, dass Frauen mit dieser Begrüßungsart oftmals als durchsetzungsfähig, Männer jedoch als machtdemonstrierend gelten, vor allem, wenn eine Pranke eine zarte Frauenhand regelrecht zerdrückt.

Achten Sie bei der nächsten Begrüßung darauf, was für ein Druck auf Ihre Hand ausgeübt wird und ob dieser Druck mit dem Menschen, der gedrückt hat, ein übereinstimmendes Bild abgibt. Passt der resolute Handschlag Ihrer Cousine zu ihrer restlichen Erscheinung? Passt er zu ihr als Typ? Gibt es dort eine Diskrepanz zwischen Händedruck und Erscheinung? Das passiert häufiger, als man denkt, und sollte einen für weitere Signale wach werden lassen, denn ein einziges Signal ist zu wenig, um jemanden einzuschätzen. Dieses bewusste Wachwerden für die Körpersprache des anderen ist die entscheidende Fähigkeit, um sich eine gerechtere Meinung von unseren Mitmenschen zu bilden. Weitere Signale können sein: Vorgebeugter Oberkörper, unverbindlicher Blick und ein linke Hand, die sich hinter dem Rücken versteckt.

2. Der Waschlappen

Jeder von Ihnen kennt die Situation, in der man den Eindruck bekommen kann, dass man einen Waschlappen oder auch einfach „gar nichts" in der Hand hat. Wenn wir bewusst darauf achten, werden wir keinem Menschen auf diese Art die Hand reichen, und doch gibt es immer wieder „Typen", die dies tun.

Um den Handschlag besser zu verstehen, denn auch darum geht es ja in diesem Buch, sollten wir dieses wichtige Signal etwas differenzierter betrachten, als wir es sonst tun:

Experiment

Streichen Sie sich auf zwei unterschiedliche Arten mit der rechten Hand über Ihren linken Oberarm.

a) Versteifen Sie zunächst dabei Ihre Hand so, als wollten Sie eine Flasche umfassen. Das muss jetzt etwa so aussehen, als wenn Ihre Hand aus einem Steven-King-Film entstiegen ist. Streichen Sie über den anderen Arm.
b) Lassen Sie nun Ihre Hand dabei ganz locker und geschmeidig.

Bei welcher Art des Streichens haben Sie mehr von der Oberfläche Ihres Oberarms gespürt? Natürlich bei der geschmeidigen Hand. Wenn Sie eine Hand geschmeidig und locker schütteln, erhalten Sie wesentlich mehr Informationen von Ihrem Gesprächspartner. Sie werden z.B. bemerken, ob seine Hand rau ist.

Ist die Hand weich, bemerkt man es kaum, wenn Sie aber rau ist, weist dies z.B. auf eine Allergie oder einen Menschen, der zu diesem Zeitpunkt körperlich mit seinen Händen im Garten oder auf der Baustelle geschuftet hat. Beides kann für uns ein Fingerzeig auf die innere Verfassung oder sogar Einstellung dieses Typen sein. Menschen mit Allergien sind oftmals *Sensibelchen.* Menschen, die tätig arbeiten, sind *Macher.* Einen größeren Widerspruch dieser beiden Typen und der damit auftretenden Signale gibt es nicht – und das ist typisch, für die Deutung von körpersprachlichen Signalen.

Bei der Bewertung von körpersprachlichen Signalen müssen wir also sehr vorsichtig sein, denn es gibt immer mehrere Möglichkeiten der Beurteilung, und nur eine Reihe von Signalen gibt uns den nötigen Wissensschub. Für die Fähigkeit des Gedankenlesens ist es wichtig, dass Sie nach dem Begrüßungsritual nun weiter forschen und nach und nach überprüfen, ob Sie tatsächlich ein Sensibelchen oder einen Macher vor sich haben.

Wir sprechen dabei in der Körpersprache von *Signalketten.* Das bedeutet in unserem Beispiel, dass ein Sensibelchen noch weitere Signale sendet, die zu dem Typ „Sensibelchen" passen, und die sich selbstverständlich von denen des Machers unterscheiden. Beispielsweise hat das Sensibelchen eine viel leisere und zartere Stimme als der Macher und wird sich auch sehr viel schüchterner zu dem von Ihnen angebotenen Sitzplatz bewegen. Der Macher wird dies mit lauter und deutlicher Stimme, einem dynamischen Schritt und heftigem Stühlerücken veranstalten. Der Händedruck ist also nur ein Hinweis auf mehrere Bewertungsalternativen.

Ein zarter Händedruck deutet also nicht gleich auf einen Waschlappen hin, sondern wenn uns jemand zart die Hand gibt, erhalten wir Informationen über ihn. Weitere passende Signale können sein: *unsteter Blick*, *nach innen gestellte Fußspitzen* und ein *verlegenes Lächeln.*

3. Der Blickkontakt

Bei der Begrüßung nehmen wir meist kurzen Blicckontakt zu unserem Gegenüber auf. Wir signalisieren damit, dass wir den anderen gesehen haben. Dieser hat dann wiederum den Eindruck, dass wir ihn wahrgenommen haben und dass er eine Wirkung auf uns hinterlassen hat.

Das Gegenteil passiert, wenn wir unseren Gesprächspartner nicht anschauen. Dann hinterlässt er anscheinend keine Wirkung auf uns. Er ist also nicht existent für uns. Jeder Mensch möchte aber eine Wirkung hinterlassen, denn sonst wäre er ja ein Niemand. Und diesem Niemand liegen aufgrund der Nichtbeachtung schnell Worte wie: „Was für ein *arroganter Pinsel*!“, auf der Zunge.

Sie denken sicherlich, dass kein Mensch so schnell eine Beurteilung seines Gegenüber parat hat, aber das ist falsch. In 0,3 Sekunden kann diese Beurteilung entstehen. Durch diese schnelle Beurteilung rutscht die ganze Kommunikation auf einen Level, bei dem es nur noch schwer und sogar uneffektiv ist, eine vernünftige Unterhaltung zu führen. Es geht nur noch um eines: Wie kann ich mich vor so viel Arroganz schützen und wo ist die empfindliche Stelle, an der ich die Retourkutsche landen kann?

Vorsicht also bei zu schneller Beurteilung! Es kann sein, dass wir es mit einem sehr schüchternen Menschen zu tun haben, der es nicht schafft, uns in die Augen zu schauen. Er schaut stattdessen auf den Boden.

Hier sehen wir wieder zwei gegensätzliche Deutungen: s*chüchtern* contra *arrogant*. Der wirkliche „arrogante Pinsel“ ignoriert uns nicht, weil er schüchtern ist, sondern er tut dies beabsichtigt. Er blickt an unseren Schläfen vorbei und nicht an unseren Füßen, wie es der Schüchterne tut. Das ist eine *Machtdemonstration* und diese soll uns tatsächlich zum „Niemand“ degradieren.

Es gibt auch Menschen, die aus der ersten Begegnung ein Spielchen machen. Sie schauen andere Leute so lange an, bis diese verunsichert wegschauen. Auch dieses Spiel gehört zur Familie der Machtspiele und kann ein Hinweis für uns sein, mit was für einem Menschen wir es zu tun haben. Weitere passende Signale können sein: *ausgestreckter Arm*, *zusammenstehende Füße* und ein *unverbindliches Lächeln* bei demjenigen Typ, der Blicckontakt aufbaut.

4. Der ausgestreckte Arm

Mit einem ausgestreckten Arm eilt derjenige Typ auf uns zu, der schon rechtzeitig klar machen will, dass er in diesem Zusammentreffen *Distanz* wünscht. Dieses Signal, *ich will Distanz*, wird von uns dann auch meist unbewusst als solches empfangen. Wenn wir dieses Signal bemerken, gehen wir ebenfalls auf Abstand. Bemerken wir aber nicht, dass er ausreichenden Abstand benötigt, rücken wir ihm, ohne es zu merken, wie ein Rhinozeros zu dicht auf die Pelle – zumindest was seine persönliche Empfindung betrifft.

Der ausgestreckte Arm ist ein sehr aufschlussreiches Signal, denn diesem Menschen müssen Sie Abstand und *ausreichende Distanzzonen* einräumen. Diese Leute benötigen mehr davon als andere. Schritt für Schritt sollten wir uns an ihre Bedürfnisse herantasten, und wir sollten auf keinen Fall mit zu vielen Angeboten gleichzeitig ins Haus fallen. Dieser Gesprächspartner braucht Distanz *und Zeit* und muss z. B. Ihre Produktpalette Schritt für Schritt kennen lernen, bevor er Ihnen auch nur einen einzigen Schritt entgegenkommt. Handelt es sich aber nicht um eine Verkaufssituation, sondern um ein Rendezvous in einer beginnenden Partnerbeziehung, müssen wir dem vielleicht künftigen Partner, der uns *so* die Hand hinstreckt, sehr viel Zeit lassen, damit er uns sein Jawort gibt.

Weitere passende Signale können sein: *zurückgezogene Körperhaltung, zurückgezogener Kopf und auf dem hinteren Fuß stehend.*

5. Der Zieher

Als ziemlich unangenehm empfinden wir es, wenn die Dame in der Designerklamotte plötzlich unsere Hand an sich heran zieht. Die Geste, die darin liegt, hat etwa den Beigeschmack von „und bist Du nicht willig, dann brauche ich Gewalt!“.

Der Nebeneffekt ist, dass wir plötzlich so nah vor dem Zieher stehen, wie wir es vielleicht gar nicht gewollt haben. Der Zieher wird oft als besitzergreifend und frech eingestuft. Bei diesen Typen müssen wir auf unseren kleinen Finger aufpassen. Sie wissen doch, was dann mit der ganzen Hand passiert: kleiner Finger – ganze Hand!

Weitere passende Signale können sein: *nach vorne geschobener Kopf, geweitete Augen* und *wenig Distanz einhaltend.*

6. Der Schüttler

In unserem Kulturraum schüttelt man sich zur Begrüßung die Hände. In vielen anderen Kulturen, wie z.B. in Japan, gehört dies nicht zum guten Ton.

Das Händeschütteln an sich erfolgt meist auf den folgenden Rhythmus: „... tadam tadam“, wobei sich die Hand runter und hoch, runter und hoch bewegt. Manchmal treffen wir aber auf Händeschüttler, bei denen es nur einmal „tadam“ macht: runter und hoch. Das ist so kurz, dass bei vielen Leuten einen Moment lang Verwirrung entstehen kann. Menschen, die nur „tadam“ machen, wollen gerne sofort *zur Sache kommen* und brauchen auch ihrer Ansicht nach nicht „diesen dämlichen Smalltalk“, der ihnen doch nur die Zeit stiehlt.

Andere wiederum schütteln weit übers Ziel hinaus. Sie machen „... tadam, tadam, tadam, tadam, tadam, tadam und tadam“. Man hat dann das Gefühl, stark mit dem anderen „zwangsverbündet“ zu sein. Das ist auch der Sinn dieses Schüttelns. Es erzeugt bei den richtigen Leuten Zuneigung und Freundschaft, bei den verkehrten allerdings Abneigung und Rückzug. Die „verkehrten“ sind die Typen, die es auf den Tod nicht leiden können, wenn ein fremder Mensch sie so lange anfasst.

Unterscheiden Sie also einen „Einmal-Schüttler“, z.B. einen Hektiker, der schnell zum Ziel kommen will, von einen „Viel-Schüttler“, einem ruhenden und geselligen Menschen, der sich im nachfolgendem Gespräch alle Zeit der Welt für Sie nehmen wird.

Menschen, die eine klare Ansage machen wollen, schütteln in der Regel zweimal, also „tadam, tadam“; diese übliche Begrüßungsform fällt nicht weiter auf. Auffallend sind immer die unüblichen Verhaltensweisen, wie die Hand des anderen extrem kurz oder lang zu berühren.

Weitere zusammenpassende Signale können sein: bei den „Einmal-Schüttlern“ ähnlich wie die weiteren Signale des Typen, der den Arm bei der Begrüßung nach vorne streckt. Beim „Viel-Schüttler“ ähnliche Signale wie beim „Zieher“.

7. Der Grabbler mit zwei Händen

Ähnlich wie die „Viel-Schüttler" haben Menschen, die die Hand ihres Gesprächspartners in beide Hände nehmen, ein starkes Bedürfnis nach Nähe. Das sind die *„Grabbler": sie mögen Berührungen.* Ich nenne diese Menschen Grabbler, weil sie bei jeder Gelegenheit, die sich ihnen bietet, den anderen irgendwo angrabbeln müssen. Entweder streichen sie dem anderen über die Hand, ergreifen für eine Sekunde das Handgelenk oder betätscheln mal kurz den Oberarm. Wenn wir diese Menschen z.B. als Verhandlungspartner haben, ist es wichtig, dass wir ihnen die Ware in die Hand drücken, die wir an sie verkaufen wollen. Es sind Menschen, die gerne alles anfassen, und wenn sie das dann getan haben, nach der Qualität der Berührung entscheiden, ob sie dieses Produkt kaufen oder nicht.

Ist unser Gegenüber allerdings eine „grabbelnde" neue Liebe, können wir davon ausgehen, dass dieser Typ ein uns sehr zugewandter ist und uns sicherlich viel streicheln wird.

Manchmal verirrt sich die linke Hand bei der Begrüßung auch auf die Schulter des anderen, was einen sehr kameradschaftlichen Charakter hat. Allerdings nur dann, wenn es ohne Druck ausgeübt wird. In diesem Fall erhält dieses Signal eine Nuance von versuchter Unterdrückung.

Auch an den Ellenbogen kann sich die linke Hand verirren, was wiederum einen weniger kameradschaftlichen Charakter hat. Der Ellenbogen ist einer der härtesten Körperteile unseres Körpers und wird im übertragenen Sinn gerne als Waffe eingesetzt. Er soll uns den Weg in die höheren Unternehmensetagen ebnen. Wird der Ellenbogen also fest gehalten, was natürlich wieder ausschließlich unbewusst geschieht, ist dies ein Zeichen von „Machtdemonstration": „Gib schon her die Pistole!" Sind wir allerdings schon in die Jahre gekommen, kann es auch sein, dass der andere uns mit dieser Geste stützen möchte, weil wir ihm stützenswert erscheinen.

Weitere passende Signale können sein: ähnliche Signale wie bei den Ziehern und den Viel-Schüttlern.

Übung

Beobachten Sie zunächst, wie sich andere Menschen begrüßen, denn da können Sie sehr viel lernen. Dann achten Sie entweder auf den Händedruck Ihres Gesprächspartners oder auf Ihren eigenen. Doch Achtung: Tun Sie dies nur bei der Verabschiedung! Sie werden sehen, dass es bei der Begrüßung nicht sehr vorteilhaft ist, wenn Sie Ihrem Gesprächspartner nicht in die Augen schauen oder mit einem verwirrten Gesicht nach dem schon genannten Namen fragen. Dran denken – lieber bei der Verabschiedung als bei der Begrüßung üben.

Also

Sie erhalten über den Händedruck Informationen, die Sie auf eine bestimmte *„Fährte"* führen. Diese gilt es zu beobachten, um dann anhand von weiteren Signalketten herauszufinden, ob Sie auf der *richtigen* „Fährte" sind.

Distanzverhalten und Distanzzonen

Die Verletzlichkeit der *Distanzzonen* ist für viele Menschen eine spannende und aufschlussreiche Angelegenheit. *Distanzzonen müssen eingehalten werden – das ist ein ungeschriebenes Gesetz*! Es entsteht mächtig viel Aggressionspotenzial, wenn dieses ungeschriebene Gesetz verletzt wird, und viel Akzeptanz, wenn man es respektiert. „Würden Sie bitte aus meiner persönlichen Distanzzone verschwinden?" ist ein humorvoll gemeinter Spruch, den keiner ausspricht, den aber alle denken. Menschen überschreiten diese Grenze meist unabsichtlich und sind oft froh, wenn jemand sie auf diese Grenzüberschreitung hinweist. Allerdings gibt es auch Typen, die eine extrem große Distanzzone benötigen.

Was ist eine Distanzzone?

Distanzzonen kann man in drei Bereiche unterteilen:

- die intime,
- persönliche und
- die gesellschaftliche Distanzzone.

Die Abstände der einzelnen Distanzzonen:

- gesellschaftliche Distanz: 3 m
- persönliche Distanz: 1,20 m
- intime Distanz: 60 cm

Natürlich hat nicht jeder eine eigene Distanzzone von z.B. 60 cm um uns herum, wenn wir mit jemandem kommunizieren, schimpfen oder flirten (das wären dann 120 cm), sondern zwei Menschen haben eine gemeinsame Distanzzone, die in dem Fall 60 cm beträgt.

Übung

Strecken Sie Ihre Arme in Schulterhöhe vor Ihrer Brust nach vorn aus, so als wollten Sie Kniebeugen machen. Von Ihrem Körper bis zu Ihren Fingerspitzen befindet sich Ihre intime Distanzzone. Von Ihren Fingerspitzen nach außen, hin zu Ihrer Umwelt, beginnt die persönliche Distanzzone. Nehmen Sie jetzt Ihre Arme auf der gleichen Höhe zur Seite, als wollten Sie das Fliegen lernen. Auch an der Seite existiert die intime Distanzzone, nur ist sie dort etwas schmaler. Aggressionen stecken in der Frontalität; sie entstehen, wenn uns jemand von vorne zu nahe tritt. An der Seite fallen sie häufig weg, weswegen wir seitlich näher aneinander stehen können, als frontal voreinander.

Jetzt ziehen Sie Ihre Arme immer noch auf gleicher Höhe nach hinten, so, als wollten Sie sich für Ihr nächstes WM-Spiel dehnen. Auch hier wollen wir die intime Distanz eingehalten wissen. Denken

Sie nur einmal an die Schlange: die immer wieder Aggressionen hervorrufende Schlange im Supermarkt. Der Moment, in dem der Atem des hinter Ihnen stehenden, Knoblauch liebenden Menschen sich langsam in unsichtbaren Nebelschwaden an Ihrem Nacken hoch windet, um schließlich Ihrer Nase zu signalisieren :„Es riecht!“ Erinnern Sie sich, wie dann die entsprechenden Gefühle von Entrüstung und Rachelust in Ihnen aufsteigen, begleitet von Wahnvorstellungen, in denen Sie dem Knoblauchliebhaber Ihren stählernen Einkaufswagen am liebsten mit ordentlich Schmackes gegen den Wanst rammen würden? Das kennt jeder, und das ist die Auswirkung auf das unrechtmäßige Überschreiten dieser Grenze von der persönlichen zur intimen Distanzzone.

Ein Gesetz wurde gebrochen!

Die Grenze zwischen *persönlicher* und *intimer* Distanz ist die am *häufigsten verletzte* Grenze in Europa und erhält somit auch die meiste Aufmerksamkeit.

Dieses Stückchen Erde, das Sie überall mit sich herumschleppen, ist unser „Home“. Selbstverständlich gibt es kleine Unterschiede, welche Ausstattung jeder für sein Heim benötigt – Palast oder Hütte. Davon aber später mehr.

Ene mene muh – raus bist Du

Wer darf in unsere intime Distanzzone hinein? Unsere Ehepartner, unsere Lebensabschnittsgefährten, unsere Liebhaber, unsere Eltern, unsere Kinder und alle „Berufsberührer“ – also Masseure, Friseure, Kellner, Ärzte und Ähnliche.

Alle, die uns *nahe stehen*, dürfen in dieses streng verteidigte Territorium hinein. Die anderen bleiben vor der Tür. Tatsache ist, dass „Einander-nahe-Stehende“ nicht sofort und unmittelbar zu nahe Stehenden werden – höchstens über Nacht. So ist es schnell einzusehen, dass man sich nur langsam, schön langsam dem Territorium des anderen nähern darf, also von der gesellschaftlichen über die persönliche und, wenn es gewollt ist, bis in die intime Distanzzone hinein.

Nehmen wir mal die Bekanntschaft von Hundebesitzern an den Parks der Hamburger Alster. Die Gesetze der Annäherung sind hier sehr anschaulich zu beobachten: Am Anfang steht man dort in der gesellschaftlichen Distanz zueinander: ca. 1, 20 Meter voneinander entfernt. Zwei Personen, nennen wir sie *Stella* und *Henry*, reden dort über ihre Hunde. Über das Geschlecht des Hundes, welches meist durch lautes Schreien, 10 Meter vor dem etwaigen Zusammenstoß, durch die Frage „Ist das ein Weibchen oder ein Rüde?" zu klären versucht wird. Dann redet man über das Alter und die Rasse, um schließlich nach einigem Smalltalk bei Stellas Vorliebe für alte Autos und bei Henrys vorletzter Ehefrau zu landen. In diesem Moment schrumpft die Distanzzone – welch wunderbare Fügung – auf mindestens die Hälfte der ursprünglichen Distanz von 1,20 m zusammen und Henry steht plötzlich am Rande von Stellas persönlicher Distanzzone, an der Grenze, ca. 60 cm entfernt. Denn durch diesen Smalltalk haben sich beide ein wenig besser kennen gelernt und trauen sich gegenseitig näher heran.

Aber nur, wenn sie sich mögen. Andernfalls bleibt die Distanz von 1,20 m bestehen.

Eins ist sicher: Sollte ich Henry und Stella das nächste Mal treffen, und Stella steht dann nicht nur in der persönlichen Distanzzone, sondern mitten in Henrys intimer Distanzzone, *ohne* dass Henry – körpersprachlich – sagt: „Verzeihung Fräulein, Sie stehen in meiner intimen Distanzzone", haben die beiden mit ziemlicher Sicherheit so etwas wie ein Techtelmechtel miteinander. Wer also in diese intime Distanzzone hinein darf, ist schon fast mehr als ein guter Freund.

Kein Schritt weiter oder es …

Aber, was kann Henry, was können wir gegen Überschreitungen dieser Grenze unternehmen, wenn wir das *nicht* wollen?

Erst einmal gilt es zu beobachten, ob wir nicht ein bisschen empfindlich sind. Angenommen Sie haben den Menschen, der Ihnen gerade „auf die Pelle rückt", nie zuvor gesehen und werden ihm höchstwahrscheinlich auch nie wieder begegnen, dann holen Sie einfach tief Luft, atmen durch und sagen sich selbst, dass es gleich vorbei ist.

Treffen Sie einen Menschen aber regelmäßig, z.B. in Ihrem Unternehmen oder im Sportverein, dann *sagen* Sie Ihm einfach, dass es Sie stört! „Verzeihung, junger Mann, Sie stehen in meiner Distanzzone!“, oder so. Was ist dabei?

Ihm wird es wahrscheinlich furchtbar unangenehm sein, dass ihm das nicht selbst aufgefallen ist, und er wird sich bemühen, sich Ihnen gegenüber das nächste Mal aufmerksamer zu verhalten.

Wenn man es sprachlich nicht schafft, auf die Überschreitung hinzuweisen, ist eine gute Methode, den eigenen linken oder rechten Fuß ziemlich weit nach vorne zu setzen, so als wollten Sie Ihr Territorium durch Ihren Fuß vergrößern. Der andere würde ins Stolpern kommen, wenn er sich näherte, und hält deswegen Abstand. Zusätzlich hilft es, die eine oder andere ausladende Armbewegung vor dem Oberkörper zu machen, z.B. mit dem Satz „Ist nicht heute ein herrlicher Tag!“. Das signalisiert dem anderen, dass wir Platz brauchen. Testen Sie das mal.

Was passiert eigentlich, wenn sich uns jemand zu schnell nähert? Stellen wir uns vor, dass sich Stella kaum in der gemeinsamen persönlichen Distanzzone von ca. 120 bis 60 cm aufhält. Sie startet statt dessen bei etwa 120 Metern, um direkt vor Henry zu stoppen – mitten in seinem Territorium. Fallschirmspringerin! Vor dem inneren Auge entsteht das Bild einer Hemmungslosen oder einer komplett Vernarrten, Verrückten oder Verliebten. Hier gilt folgendes ungeschriebene Gesetz:

Um einem Menschen nahe zu kommen, muss man sich vorsichtig von außen nach innen vorarbeiten. Stellen wir uns einmal einen Bar-Besuch vor. Man unterhält sich mit einem *nicht* gleichgeschlechtlichen Typ, Mann oder Frau, den man soeben kennen gelernt hat. Dieser Typ tastet sich, schneller als uns lieb ist, in unsere intime Distanzzone vor. Es kann sein, dass uns dies gefällt – dann ist alles in Ordnung. Es kann aber auch sein, dass dieser Mensch sich nicht mit unserem Einverständnis genähert hat. Dann ist gar nichts mehr in Ordnung! Also immer schön abchecken, wann der andere das Signal zum näher kommen gibt.

Übung

Suchen Sie sich einen Partner und stellen Sie sich im Abstand von vier Metern mit dem Gesicht zueinander auf. Stella und Henry machen das auch. Stella nähert sich langsam ihrem Partner Henry. Henry soll in dem Moment „Stop“ sagen, wenn sie an der „Grenze“ von 60 cm steht. Wichtig ist, dass Stella auch mal die Grenze *überschreitet* und auch mal deutlich *davor* stehen bleibt. Wo fühlt es sich für Henry angenehm an, um z.B. ein Gespräch mit einer Kollegin zu führen? Dasselbe machen Sie jetzt von der anderen Seite aus. Diesmal nähert sich Henry Stellas Rücken. Da wir hinten unsere „harte Körperseite“ haben, darf Henry wahrscheinlich etwas näher heran als vorne, ähnlich wie an der Seite. Auch hier befindet sich ein harte Körperseite, nämlich die Schultern, zwischen den Gesprächspartnern, sodass Henry und Stella auch in seitlicher Position näher als gewöhnlich zusammenstehen können.

Also

Achten Sie in einem Gespräch mit einem neuen Bekannten immer darauf, dass Sie die Reihenfolge der Annäherung nicht durcheinander bringen, und halten Sie an den Grenzen inne. Sie sparen sich Aggressionen, die unsere Kommunikation nur unnötig stören.

Boss-Sein ist nicht schwer …

Boss-Sein hat viel mit ungeschriebenen Gesetzen über Territorien und deren Besetzung und Verteidigung zu tun. In jedem Team, das gemeinsam arbeitet, entsteht eine sogenannte „Hackordnung“, und jeder in diesem Team weiß nach kürzester Zeit, wer der *Alpha-Rüde*, wer der Boss ist. Alpha-Rüden bestimmen den Spielverlauf, und zwar ohne dass sie die anderen auch nur mit einem einzigen Wort darüber aufklären müssen, dass sie der Boss sind.

Sie posaunen nicht heraus: „He, du, ich bin der Boss des Teams!" Nein. Sie demonstrieren es aber durch ihre Körpersprache: Brust raus, Kopf gerade, stabiler Stand, „Boss-Kleidung" und das nötige Selbstbewusstsein. Von diesen Typen gibt es viele, es gibt aber auch einige, die sich doch lieber dezent im Hintergrund halten.

Vielerorts höre ich: „Jeder würde doch gerne Boss sein!" Das stimmt nicht. Es gibt Menschen, die lieben es überhaupt nicht, andere Leute zu führen, hin und her zu jonglieren und zu guter Letzt auch noch die Verantwortung für sie zu übernehmen. Sie finden das schrecklich. Diese Menschen haben eine andere Körpersprache als diejenigen, die sich die „Führung der Truppe" zum Ziel erkoren haben: Brust rein, kleine leise Schritte, unsicherer Blick, vielleicht sogar nach innen gedrehte Fußspitzen und nur wenig Selbstbewusstsein.

Die folgenden Zeilen sollen eine Hilfestellung für diejenigen sein, die in eine Führungsposition hineingestoßen wurden, obwohl sie da vielleicht noch gar nicht hin wollten, aber auch für die, die Boss sein wollen oder müssen, sich aber nicht richtig durchsetzen können.

Es geht dabei um „Selbstkonzepte": darum, sich selbst wichtig zu nehmen und durch die Körpersprache eine Haltung einzunehmen, die den Mitmenschen genau das zeigt: „Bis hierhin und nicht weiter!" oder „Ich bin da, nimm mich ernst!"

Das *Selbstkonzept* eines Menschen ist die Bedienungsanleitung, die festlegt, wie wir uns in bestimmten Situationen verhalten. Wenn eine minderwertige Bedienungsanleitung in Ihrer Brusttasche steckt, dann gehen Sie dementsprechend schüchtern und ohne Selbstbewusstsein durch das Leben. Steckt eine hochwertige Anleitung darin, zeigt sich das als selbstbewusster Ausdruck: durch die Körpersprache.

Dieses Selbstkonzept ist Bestandteil unserer Lebenseinstellung und wird wie diese durch die Faktoren Genetik, Erziehung und der eigenen Persönlichkeit geprägt.

Wenn wir im Leben, in der Arbeitswelt und auch noch als Boss ernst genommen werden möchten, müssen wir uns erst einmal selbst ernst nehmen. Wenn das geschieht, wird dieses Selbstkonzept für andere sichtbar. Die Beschaffenheit unseres „Palastes" oder unserer „Hütte", das Territorium, welches uns ständig umgibt, ist dann

Ausdruck dieses Konzeptes. Womit wir wieder bei der Körpersprache sind. Denken Sie an den Türsteher einer Bar, vor dem man sich als normal Sterblicher ehrfurchtsvoll zurücknimmt. Er hat einen Palast mit einem Palastgarten um sich herum und hält alle seine Mitmenschen auf ehrfurchtsvollem Abstand.

Große Persönlichkeiten haben die Fähigkeit, ihre Dominanz und Stärke für ihre Mitmenschen sichtbar zu machen. Diese Menschen schaffen es, einen gewisses Ansehen zu erzeugen, das ihnen im Umgang mit Mitarbeitern Respekt verschafft. Sie schaffen es, die Mitarbeiter mit mehr oder weniger Druck von ihren Zielen zu überzeugen und sie zu fleißigen und sogar zu ihnen aufschauenden Mitarbeitern zu machen.

… Bossin-Sein umso mehr

Allerdings gibt es hier ein gewisses Gefälle zwischen Männern und Frauen. Darauf möchte ich kurz eingehen.

Männer haben einen entscheidenden Vorteil, wenn es darum geht, in Führungspositionen aufzusteigen. Sie nehmen schon seit einem langen Zeitraum in der Geschichte die Position des Bosses ein. Noch heute ist unsere Geschäftswelt von Männern geprägt. Rechte, Ansehen und Erfolg, die die Frau heute in der Öffentlichkeit besitzt, sind noch sehr junge Errungenschaften unserer Gesellschaft. Frauen konnten z.B. erst Anfang des 20. Jahrhunderts an einer Universität studieren und erst 1918 das erste Mal an die Wahlurnen gehen. Sie haben Deutschland nach dem Krieg fast ohne männliche Hilfe wieder aufgebaut und mussten häufig ihre Selbständigkeit, nach dem die Männer aus der Gefangenschaft zurückkehrten, an der eigenen Haustür wieder abgeben.

Nicht zuletzt aus diesen Gründen sind bis heute nur ein kleiner Bruchteil der Führungskräfte der „oberen Liga“ Frauen: 0,4 Prozent. Frauen wollen heute hohe Positionen erlangen, um ihre Familien ernähren zu können. Die, die es dann geschafft haben, müssen leider allzu oft ihre Weiblichkeit an der Türschwelle zum Chefzimmer abgeben oder diese zumindest mächtig einsetzen, denn das Vokabular des Bosses ist immer noch männlich.

Die Frau von heute ist somit in der Zwickmühle! Anerkennung und Erfolg sind nämlich vielerorts, auch heute noch, nur über *typisch männliche Verhaltensweisen* zu erreichen, da unsere Gesellschaft immer noch das Vokabular von Ansehen, Erfolg und Macht aus der Steinzeit mit sich herumschleppt. Das heißt: *körperliche Größe, ein kühler Blick, ein festungsähnlicher Body und eine ernste Miene* gehören zu einem „Anführer" dazu. Übrigens gibt es auch viele Männer, die einen guten Zugang zu ihrer weiblichen Seite haben und sich auch so verhalten und die oft genau das gleiche Problem haben wie die beschriebenen Frauen.

Frauen sind meistens kleiner als Männer, haben einen „gütigen Blick", ihr Körper ist weiblich und somit weich und rund, und sie lachen auch noch gerne. Wie sollen sie sich bitte mit diesen Attributen in einer männerorientierten Industriegesellschaft durchsetzen? Also geben sie ihre Weiblichkeit ab und verhalten sich wie Männer. Solche Frauen gelten dann als besonders herzlos, kalt und eben wenig weiblich. Erinnern Sie sich noch an Margaret Thatcher?

Nach außen hin *wirken* diese Frauen dann häufig auch männlich, da sie sich sogar männlich kleiden – Hosenanzug & Co. Diese Frauen haben bemerkt, dass sie schneller zum Ziel kommen, wenn sie sich den männlichen und damit üblichen Verhaltensweisen anpassen. Und jetzt kommt's: Dann wird die Körpersprache reduziert. Die Hüften werden nicht mehr geschaukelt, die Gestik ist minimalistisch und das Lächeln verschwindet immer häufiger aus ihren Gesichtern. *Sie fangen an, eine Rolle zu spielen.* Irgendwann bemerken die ehemaligen Ladies dann, dass sich ein Teil ihres Freundeskreises nicht mehr meldet – „weil die Sabine plötzlich so komisch und fürchterlich ‚taff' geworden ist!" Auch Zeit hat sie nicht mehr, und wenn man sie anruft, versetzt sie einen schnöde mit: „Du, ich hab gerade eine wichtige Angelegenheit zu klären. Ruf dich zurück!" Was sie dann aber nicht tut.

Das ist die Bredouille, die viele Frauen in Führungspositionen erleben. Sie müssen sich zwischen taff-männlich und „nur" weiblich sein entscheiden. Taff (tough, Englisch) heißt frei übersetzt: zielgerichtet, durchsetzungsfähig, aber auch ein bisschen unterkühlt. Es wird meistens im Zusammenhang mit Karrierefrauen benutzt. Männer benutzen dieses Wort gerne als Schimpfwort, was die

Bredouille der Frau umso mehr veranschaulicht. Eine Frau kann also, wenn sie will, diese respektvolle Ausstrahlung um sich herum prägen, sie muss sich bloß das „Frausein“ abgewöhnen – zumindest im Job.

Das ist der falsche Weg! Viel wichtiger ist es, die Überzeugung zu haben, dass man als Mensch auf dem richtigen Weg ist. Das Selbstkonzept muss seine *mangelhafte Nuance* über Bord werfen. Dann richtet sich auch die Körperhaltung von alleine auf, der Blick wird sicher und aus der Hütte wird ein Palast.

Um sich selbst ernst zu nehmen ist es wichtig, dass Sie sich Ihre *Distanzzonen mit Souveränität anfüllen.* Das heißt körpersprachlich: Brust heraus, auch wenn der Busen groß ist, Kopf gerade und nicht schräg. Ruhig und langsam sprechen. Zusätzlich Ihre Intelligenz mit der passenden Kleidung unterstreichen: Eine Brille ist dabei sehr hilfreich. Wenn diese Tipps zu weit von Ihrer wirklichen Persönlichkeit entfernt sind, überarbeiten Sie auf jeden Fall Ihr eigenes Selbstkonzept. Körpersprache kommt von innen – und wenn innen nicht das drinnen ist, was man gerne hätte, dann kann es nicht außen erscheinen.

Der Stein der Weisen

Sehr wichtig sind natürlich Wissen und Kompetenz. Frauen haben die dumme Angewohnheit, ihr Wissen zu verheimlichen. Wenn eine Frau ein Kompliment erhält, hört man von ihr häufig diesen Spruch: „Ach, das ist doch nichts Besonderes, das weiß doch jeder!“ Dabei windet sie sich wie eine Schlange und schaut wie ein kleines Mädchen auf den Lobenden. Kokettieren ist zwar sehr charmant, aber in diesen Situationen völlig unangebracht. Um ernst genommen zu werden, müssen wir unser Wissen auch zeigen.

Wir leben in einer Wissensgesellschaft, in der immer mehr erforscht, erfunden und auch nachgedacht wird. Nicht nur Wissenschaftler oder Harry Potter sind auf der Suche nach neuen Erkenntnissen und dem Stein der Weisen, sondern auch Leute wie du und ich. In Unternehmen werden Mitarbeiter in diversen Bereichen geschult, und noch nie sind so viele Bücher über Wissenswertes und auch Wissensschwachsinn verkauft worden wie bisher – trotz des Computers. *Intelligentsein* ist eine der Zauberformeln.

Wahre Größe

Für einen „weiblichen Mann“, der sich in einer Führungsposition behaupten will, ist es wichtig, einen guten Zwirn zu tragen, eine rote Krawatte zu besitzen – das ist die Farbe der Bosse – gutes Schuhwerk und auch eine aufrechte Haltung zu haben.

Auch kleine Männer und Frauen können diesen Habitus, diese Ausstrahlung von Souveränität erlangen, ohne unbedingt 1,90 m groß zu sein – was das Ganze natürlich enorm erleichtern würde, zumindest bei einem Mann. Frauen, die groß sind, wirken manchmal ein wenig mächtig und Furcht einflößend auf kleine Männer – was nicht heißt, dass sie es sind. Sie machen sich in der Kommunikation eher immer kleiner als sie sind, weil sie ihrem Boss oder Ehemann ja auf den Kopf spucken könnten. Da wir mit dem Schema „großer Mann und kleine Frau“ aufgewachsen sind, gibt es dann häufig Neidprobleme von Seiten des Mannes ob der Größe. Der Mann fängt dann an, sich aufzuplustern, was für die Kommunikation natürlich nicht sehr zuträglich ist.

Halten Sie sich als große Frau trotzdem gerade! Zeigen Sie, was Sie haben, und wenn Sie einen Chef oder einen kleinen Steuerprüfer vor sich haben, machen Sie sich nicht kleiner, als Sie sind. Sie können diesen Männern z.B. einen Stuhl anbieten, dann gleicht sich der Größenunterschied aus. Sie können auch einen großen Abstand zu ihm halten, dann fällt es nicht so ins Gewicht. Das Wichtigste aber ist, dass Sie wissen, *warum* kleine Männer in Ihrer Gegenwart manchmal etwas bissig werden. Lächeln Sie einfach verständnisvoll und nehmen Sie es den „Kleinen“ nicht übel. Auch wenn der Mann sich von diesen kleinen Tricks nicht ablenken lässt, sollten Sie sich nicht minderwertig fühlen.

Eines ist nämlich sehr wichtig – und das gilt auch für „weibliche Männer“: Sie müssen nicht allen alles Recht machen. Merken Sie sich das, und seien Sie so, wie Sie sind. An der Genetik kann niemand etwas verändern, also braucht man sich auch für nichts zu schämen. Auch nicht der Winzling, der sich für seine Größe schämt und davon träumt, in den Himmel zu wachsen. In Japan lassen sich junge Frauen übrigens gerne mal die Beine brechen. Von einem Chirurgen. Der spannt sie dann in Streckmaschinen, in denen sie bis zu acht cm vergrößert werden können. Tortur total. Welch ein Blödsinn!

Übung

Machen Sie sich den Spaß, bei einer neuen Bekanntschaft einmal den „Dicken“ zu spielen. Stehen Sie aufrecht (das Wort „aufrecht“ steckt auch in Aufrichtigkeit!), halten Sie Ihren Kopf auf keinen Fall schräg, sondern gerade, und lächeln Sie nicht – freundliche Menschen nimmt man in Deutschland nicht immer ernst. Hören Sie mehr zu, als Sie reden. Passend dazu sollte das oben beschrieben, Outfit angelegt werden. Klären Sie den neuen Bekannten später über Ihr kleines Experiment auf und fragen Sie ihn nach seiner Meinung über Ihren Auftritt. Sie werden sehen: Boss-Sein ist nicht schwer.

Also

Boss-Sein ist nicht schwer, wir müssen bloß das Wissen, das wir in uns tragen, nach außen transportieren und das *Selbstkonzept überprüfen* und verbessern.

Wichtig ist es auch, wirklich zu hinterfragen, ob Sie in eine Führungsrolle aufsteigen wollen. Fühlen Sie sich aber unwohl, hassen die Chef-Allüren oder hassen es überhaupt, der Boss zu sein, so lassen Sie es eben. Dann *spielen* Sie eben nicht den Boss, geben Sie den Posten einem anderen, der es besser kann. Wir sind aber dennoch unser ganzes Leben lernfähig – bis ins hohe Alter. Wir lernen nur anders als Kinder und junge Menschen und vielleicht etwas langsamer. Dann kann man doch auch lernen, ein Boss zu sein!

2. Element, Dienstag

Dröhnbuddel oder Speedy Gonzales – Die Bewegungsdynamik

Kennen Sie das? Sie beobachten einen Menschen, der in einem Café sitzt. Er sitzt einfach nur da und liest Zeitung. Wir kommen durch die Tür in das Café hinein und während wir ihn anschauen, entsteht der erste Eindruck von ihm: „Sieht ganz sympathisch aus!". Vielleicht denken wir aber auch „komischer Kauz". Dann steht er auf, kommt auf uns zu und wir sehen plötzlich die *Bewegungsdynamik* dieses Menschen. Die war uns vorher vollkommen verborgen, denn wir schauten bisher nur in das Gesicht und die Haltung (viel mehr sieht man nun einmal nicht, wenn einer an einem Tisch sitzt).

In der Bewegungsdynamik liegen viele körpersprachliche Signale verborgen, die man mit einem geübten Auge erkennen und deuten kann. Durch Bewegungen werden uns übrigens die meisten Körpersignale übermittelt. Wir müssen bloß lernen hinzuschauen, denn dann stehen wir vor einem „aufgeschlagenen Buch", in dem wir spannende Geschichten lesen können.

Zusammenhänge zwischen der Bewegung und der Lebenseinstellung

Wie die individuelle Körpersprache eines Menschen zustande kommt, habe ich bereits erwähnt. Es sind Gefühle und Gedanken, die sich in Bewegung umsetzen und somit für unsere Umwelt sichtbar werden. Wir sind alle Gewohnheitstiere und es liegt es auf der Hand, dass wir uns im Laufe unseres Lebens einen gewissen Bewegungsstil angewöhnt haben. Er entsteht wie unsere gesamte Lebenseinstellung aus unserer Genetik, aus unserer Erziehung und aus dem individuellen Gemisch dieser Faktoren, unserer Persönlichkeit. Infolge dieser enorm starken Einflüsse verrät die Bewegungsdynamik einiges über unsere Einstellung zum Leben und über unser *Temperament*. Zumindest verrät sie uns aber einen gewissen Charakterzug, der unsere Einstellung zu unserem Leben prägt.

Denken wir nur mal an einen typischen *Choleriker*, der sich durch eine gewisse Zielorientiertheit und eine Riesenportion Hitzköpfigkeit von allen anderen Charakteren so sehr hervorhebt, dass alle ohne Ausnahme merken, wenn er im Raum anwesend ist.

Er hat die Einstellung, dass sein Leben immer in Bewegung sein muss und nicht stagnieren darf, damit er immer wieder neue Ziele zur Verfügung hat, auf die er sich dann selbstbewusst stürzen kann. Sein Charakter bestimmt seine Einstellung zum Leben, und das kann man sehen und sogar hören. Diese Menschen *können nicht* leise sein.

Auch in diesem zweiten Element sind bestimmte Signale als Signalketten aneinander gereiht. Diese Ketten erleichtern uns das Lesen der Gedanken und helfen uns, die Lebenseinstellung eines Menschen an der Bewegung zu erkennen.

Wenn wir einen Menschen vor uns haben, der *große Schritte* beim Gehen macht (1. Signal), wird dieser wahrscheinlich auch mit überdurchschnittlich *hohem Tempo* (2. Signal) morgens zu seiner Arbeit gehen. Seine *Arme* werden sich *mehr als gewöhnlich* vor- und zurückbewegen (3. Signal) und er wird sich wahrscheinlich auch mit seinem ganzen Körper in die Bewegungsrichtung *nach vorne* hineinneigen (4. Signal).

Komisch und fast lustig wirkt es, wenn wir einen Menschen sehen, der große und schnelle Schritte macht, sich aber mit seinem gesamten Körper in einer *Rückenlage* befindet (ebenfalls 4. Signal). In diesem Fall wird der Eindruck der ersten drei Signale durch ein viertes, entgegengesetztes Signal übertönt. Das vierte Signal passt nicht zu den drei ersten und erscheint uns demnach *inkongruent.* Das lässt uns aufhorchen. Schon bei einer kurzen Begegnung hinterlässt er die Wirkung eines inkongruenten Menschen. *Inkongruent* bedeutet in diesem Zusammenhang, dass seine äußere Erscheinung unter bestimmten Umständen nicht mit seiner inneren Überzeugung in Korrespondenz steht. *Kongruenz* bedeutet im Gegensatz dazu, dass ein Mensch Übereinstimmung oder auch *Authentizität* ausstrahlt. Im Falle des oben beschriebenen Beispiels müsste eben der gesamte Körper nach vorne geneigt sein, statt in Rückenlage zu stehen. Der Eindruck eines zielstrebigen Menschen wird von einem starken Signal der Zurückhaltung überschattet. Wird er von Berufs wegen gezwungen, zielstrebig zu sein?

In der Körpersprache gibt es starke und schwache Signale. Die starken Signale können ganze Signalketten übertönen, wie in dem beschriebenen Beispiel. Die schwachen Signale werden häufig übersehen, sind aber oft entscheidender als die starken, denn sie sind weniger manipulierbar! Körpersprache ist insgesamt kaum manipulierbar, allerdings kommt eine unbeabsichtigte Manipulation mit starken Signalen durchaus vor. Ein aufgesetztes Lächeln ist beispielsweise ein starkes Signal und soll dem Empfänger Friedfertigkeit vermitteln. Es ist aber durchaus möglich, dass gleichzeitig entgegengesetzte, schwache Signale ausgesendet werden, wie beispielsweise ein leerer Blick oder nervöse Hände, die oftmals die *tatsächliche* Verfassung des Senders ausdrücken. Wie oft lassen wir uns von dem Lächeln eines Kollegen täuschen und ziehen uns kurz darauf das Messer aus dem Rücken? Das starke und somit vordergründige Signal hat uns unachtsam werden lassen.

Was passiert aber, wenn wir einen Geschäftspartner oder einen Typ beim First Date nicht einschätzen können, ihn nicht „zu fassen" bekommen, weil er auf uns inkongruent wirkt? Wir ziehen uns zurück und beginnen meistens, in diesen Menschen etwas Negatives hineinzuinterpretieren. Die Signale, die wir empfingen, waren nicht eindeutig und stifteten somit bei dem Versuch einer Beurteilung Verwirrung. Wissenschaftler auf dem Gebiet der Entwicklungspsychologie sind zu dem Ergebnis gekommen, dass Moderatoren im Showbusiness mit kongruentem Auftreten durch ebenmäßige Gesichter und mit harmonischen Bewegungen einen sehr viel höheren Beliebtheitsfaktor erzielten als Moderatoren mit komplizierten Gesichtern und widersprüchlich ausgesendeten Signalen.

Das Fazit daraus ist: Je eindeutiger ein Mensch erscheint, desto einfacher und schneller ist er einzuschätzen. Alle Verkäufer-Typen kriegen jetzt großen Augen, denn Verkäufer pokern gerne und *wollen* gar nicht eingeschätzt werden. Pokern Sie ruhig weiter, aber längerfristige Beziehungen können Sie nur durch Authentizität aufbauen, und nicht durch Persönlichkeits-Pokern. Wie gehabt.

Brüllender Berserker und distanzierter Beobachter

Unser Hauptinteresse gilt zunächst den Füßen und den Beinen hinauf bis zur Hüfte. Das hat den Sinn, dass Sie nicht alle Mosaiksteine der Körpersprache auf einmal erfassen müssen, sondern immer nur ein Element. Sie wissen schon, des Waldes und der vielen Bäume wegen!

Zur noch besseren Orientierung habe ich vier Bewegungsarten für Sie herausgesucht, die Sie mit etwas Übung erkennen können und die man als Basisbewegungen bezeichnen könnte, denn aus ihnen entstehen viele tausend weitere Kompositionen. Natürlich heißt das nicht, dass wir diese Bewegungsarten bei *jedem* Menschen erkennen können, denn es gibt Menschen, die sehr harmonische Bewegung machen, weswegen wir bei ihnen auch kaum Auffälligkeiten erkennen können.

Die Bewegungsdynamik setzt sich in der Körperrhetorik aus den vier folgenden Basisarten zusammen:

1. Schrittgröße und Fußstellung
2. Der dreiteilige Schritt
3. Das Tempo
4. Die Hüfte

Stellen Sie sich noch einmal unseren Mann mit der Zeitung im Café vor – nennen wir ihn René. René hat diesmal in den kommenden Sekunden ein Rendezvous mit einer Unbekannten. Sie haben sich per E-Mail in diesem kleinen Restaurant mit den rot karierten Tischdecken verabredet. Sie werden sich durch hübsche Fotos, die sie sich geschickt haben, erkennen.

René bemerkt nun, dass die Auserkorene eingetroffen ist, und macht sich auf den Weg, sie zu begrüßen.

1. Schrittgröße und Fußstellung

Er kommt mit riesigen Schritten (1. Signal) und fast forsch auf sie zu. Synchron dazu bewegen sich seine Arme gleichmäßig im Tempo seiner Schritte (2. Signal). Die Hände sind vor Aufregung zu einer Faust geballt, wobei sich seine Fäuste gefährlich nahe an den Kaffeetassen der anderen Gäste vorbei bewegen. Die Füße zeigen beim Gehen leicht nach außen (3. Signal) und der ganze Oberkörper neigt sich etwas nach vorne (4. Signal). Dieser Auftritt wirkt ziemlich flott und *explosiv.* Ein richtiger Wüterich – eben ein Berserker. Menschen mit großen Schritten sagt man große Risikobereitschaft nach, zumindest aber eine gewisse Zielstrebigkeit im Handeln.

Jetzt stellen Sie sich diese Szene ein zweites Mal vor. René kommt mit verhältnismäßig kleinen Schritten (1.) auf seine künftige Herzdame zu und seine Arme sind wie am Körper festgebunden (2.). Dieses Mal zeigen die Füße leicht nach innen (3.), der Oberkörper neigt sich leicht nach hinten (4.) und der Auftritt wirkt auf die Herzdame eher schüchtern und sogar leicht distanziert.

Nachdem die beiden den ersten Wortwechsel hinter sich haben, schaut René die Herzdame mehr an, als zu reden (5.), überlässt ihr dann die Bestellung des Menüs (6.) und antwortet brav auf jede Frage, die sie ihm stellt, ohne auch nur im Geringsten auf die Idee zu kommen, seinerseits eine Frage an die Herzdame zu stellen (7. Signal). An diesem Punkt entsteht bei ihr der leise Verdacht, dass sie vielleicht lieber einen forschen Draufgänger, eben einen Berserker, hätte, der deutlich und ohne Widerspruch zu dulden, verkündet: „Wir essen erst Hummercremesuppe, dann Krabbencocktail, als Hauptspeise Scholle nach Müllerin Art und zum Dessert eine schöne rote Grütze!“

Auf jeden Fall will Sie keinen distanzierten Beobachter. Einem solch distanzierten Beobachter „mit kleinen Schritten“ sagt man keine besonders hohe Risikobereitschaft nach, wohl aber ein *besonnenes Handeln* (8. Signal). Oft handelt er allerdings so dermaßen besonnen, dass alle anderen schon nah am Kollaps sind. Wenn er dann endlich eine Entscheidung getroffen hat, ist diese dann oft sehr perfekt. Mit diesem Wissen müssen wir allerdings davon ausgehen, dass die zweite Situation ein *fiktive* ist, denn kein distanzierten Beobachter würde auf die Idee kommen, sich auf ein so hohes Risiko wie das eines Blind Dates einzulassen!

Wichtig für die Herzdame ist jetzt, dass sie sich den ersten Eindruck dieses Menschen gut merkt, so gut, wie es ihr eben möglich ist. Dieser erste Eindruck wird ihr als Orientierungshilfe für den weiteren Verlauf des Treffens dienen. Die Dame kann mit dem Wissen über unterschiedliche Bewegungen und deren Aussagen weitere Signale einer Färbung bei René entdecken. In diesem Fall wird sie nach Signalen Ausschau halten, die auf Distanziertheit oder eben forsches Verhalten hinweisen. Ein einzelnes körpersprachliches Signal dient uns nur, *um wach zu werden*, nicht um eine feststehende Beurteilung zu treffen, denn dazu benötigen wir mehr als nur ein Signal. Und wir brauchen vor allem mehr Zeit, um das, *was* wir gesehen haben, im Laufe des Treffens zu hinterfragen. Nur durch das anschließende Gespräch kann die Herzdame immer besser herausfinden, wie René wirklich tickt. Für welchen Typ sie im Endeffekt eine Vorliebe hat – für den Beobachter oder den Berserker – liegt an ihren Bedürfnissen und darin, was sie sich von ihrem Traumpartner erwünscht. Wodurch sich diese beiden Typen im Zusammenleben von einander unterscheiden, ist wohl bekannt.

Übung

Damit Sie wissen, wie sich die Bewegung mit großen und kleinen Schritten anfühlt, gehen Sie mit großen Schritten zu Ihrer Garderobe und mit kleinen wieder zurück. Und umgekehrt. Denken Sie dabei an schnelles Handeln oder besonnenes Abwarten?

Dann stellen Sie Ihre Füße einmal nach innen. Laufen Sie „über den großen Onkel" zur Toilette und halten Sie die Arme möglichst am Oberkörper. Dann mit nach außen gestellten Füßen wieder zurück, während Sie mit den Armen vor- und zurück- rudern.

Sie werden feststellen, dass es nicht zusammenpasst, wenn Sie mit den Fußspitzen nach außen zeigend gehen und gleichzeitig die Arme nur wenig bewegen, oder im umgekehrten Fall, mit den Fußspitzen nach innen zeigend gehen und gleichzeitig mit den Armen rudern. Verschiedene Bewegungsarten fühlen sich also unterschiedlich an und lassen uns auf unterschiedliche Gedanken kommen. Allerdings nur, wenn Sie diese wirklich aktiv *tun*.

Exkurs: Meinungsmache?

Wenn Sie sich eine Meinung über einen Mitmenschen bilden möchten, benötigen Sie mindestens *drei Signale einer Färbung*. Färbung bedeutet für mich in diesem Zusammenhang, dass sich die auftretenden Signale in ihrer Aussage ergänzen, wenn dabei also unsere kongruenten Signalketten entstehen.

Wenn jemand die Augenbrauen zusammenzieht und die Augen auf einen Punkt fokussiert, die Arme vor der Brust verschränkt und die Fäuste geballt hält, sind das vier Signale einer Färbung, die in eine Richtung weisen. Der Eindruck eines angestrengt Denkenden entsteht, der in einer aggressiven Stimmung steckt, denn sonst wären seine Fäuste nicht geballt.

Sind die Augenbrauen aber leicht nach oben gezogen, die Augen mehr geöffnet als nötig, und entstehen auf der Stirn die berühmten Querfalten, haben wir wieder drei Signale, die in eine andere Richtung weisen. Diesmal liegt der Ausdruck des Erstaunens auf dem Gesicht, was zu dem Signal der geballten Fäuste auf keinen Fall passt.

Körpersprache ist nicht platt und eindimensional, denn der Mensch ist nicht so einfach gestrickt, wie es in Büchern teilweise erscheinen mag. Er hat tausendundeins Alternativen, um sich auszudrücken.

Denken Sie nur einmal an das „miteinanderstreiten“. Der Streit entlockt dem menschlichen Verhalten hunderte von schönen und unschönen Ausdrucksvarianten, die alle einen unterschiedlichen Menschen ausmachen. Stellen Sie sich vor, Sie setzen zwei Kinder vor einen Haufen Steine. Sie fordern diese zwei Kinder nun auf, ein Mosaik aus Steinen zu legen, das einen Menschen darstellt. Beide bekommen dieselben Steine in Farbe und Form. Trotz derselben Grundbedingung wird das Ergebnis vollständig unterschiedlich aussehen.

Der Mensch erscheint im Zusammenhang der Körpersprache wie ein Mosaik, und wie wir bereits gesehen haben, besteht jeder im Sinne der Genetik aus denselben Steinen. Die Mosaiksteine sind in unterschiedlichen Anordnungen aneinander gefügt, wobei bei dem einen ein wunderschöner roter Mosaikstein an der Stelle des Mundes sitzt und bei dem anderen ein besonders interessanter an der Stelle der gestikulierenden Hände. Manchmal kann man im ersten Moment kaum einen schönen Stein entdecken, sondern erst bei längerer und sorgfältigerer Betrachtung.

Sie kennen sicherlich auch Menschen, die am Telefon eine wunderbare Stimme besitzen. Nach einiger Zeit treffen Sie dann diesen Menschen und sind vielleicht ein bisschen enttäuscht, wenn die schöne Stimme nicht so recht zu diesem Menschen passen will, den man nun vor sich sieht. Haben Sie mit der Zeit des öfteren Kontakt mit diesem Menschen, so schwant Ihnen unter Umständen, *weshalb* er so eine schöne Stimme hat. Sie entdecken wunderschöne Mosaiksteine, die für Sie im ersten Moment noch im Verborgenem lagen.

Aber auch das Gegenteil ist natürlich öfter der Fall. Dann sehen Sie lauter hübsche Mosaiksteine, die Ihnen sofort ins Auge springen, und merken erst viel später: „Es ist nicht alles Gold, was glänzt!" Und enttäuscht kehren Sie die vielen kleinen „Blendsteine" in den nächstliegenden Eimer.

Wenn ich alle Mosaike, die es auf der Welt gibt, beschreiben müsste, würde sich dieses Buch in eine Encyclopaedia Brittanica verwandeln und Sie könnten es schwerlich als Trainingsbuch benutzen. Genau aus diesem Grund ist es auch wichtig, dass Sie selbst *in die Beobachtung einsteigen*. Dann werden Sie noch viel mehr körpersprachliche Signale entdecken, als in diesem Buch beschrieben sind. Eine perfekte Meinungsmache.

2. Der dreigeteilte Schritt

Der dreigeteilte Schritt ist, wie der Name schon sagt, ein Schritt, der aus drei verschiedenen Bewegungsteilen zusammengesetzt ist. Aus dem *Heben* des Fußes, aus dem *Tragen* des Fußes und dem *Stellen* des Fußes beim Gehen. Da wir bekanntlich zwei Beine zum Gehen benötigen, wechselt dieser dreiteilige Schritt zwischen rechts und links ab. Also kurz: Heben, Tragen, Stellen, Heben, Tragen, Stellen … und so weiter, bis Sie an Ihrer Garderobe sind. Sie haben keine Garderobe? Sagen Sie das doch gleich. Suchen Sie sich einen anderen Zielpunkt. Nehmen Sie den Fernseher!

Heben des Fußes

Bei manchen Menschen wird die erste Phase des dreiteiligen Schrittes betont, nämlich das Heben des Fußes, was eine Auswirkung auf die gesamte Bewegungsdynamik hat. Die Bewegungsdynamik strebt dann bei jedem Schritt nach oben, was bei Mitmenschen den Eindruck von Leichtigkeit hinterlässt. Diese Menschen haben ein fröhliches und freundliches Lebensgefühl in sich, was man ihnen auch ansieht. Das soll nicht heißen, dass sie auch immer so leicht sind – nur die Grundstimmung ist von *Leichtigkeit* geprägt.

Übung

Gehen Sie kurz zur Garderobe oder dergleichen, und immer wenn sich Ihr Fuß hebt, betonen sie dieses Heben, indem Sie Ihrem Körper einen Schubs nach oben geben. Stellen Sie sich vor, dass Sie ein Luftikus sind, und sagen Sie sich bei jedem Heben: „Heben, Heben, Heben ...!“ und „Ich fühle mich so superglücklich“!

Die meisten Menschen bezeichnen diese Bewegungsdynamik als „locker vom Hocker“ und sie empfinden sie als erfrischend. Wir sind also in der Lage, uns durch bestimmte Bewegungen in bestimmte Gefühls- und somit auch Gedankenzustände zu versetzen.

Tragen des Fußes

Auch die zweite Phase, das „Tragen“ im Gehen zu betonen, kann auf eine besondere Lebenseinstellung hindeuten. Die Bewegungsdynamik ist gleich bleibend und fast einfältig. Durch das längere Tragen des Fußes als gewöhnlich entsteht beim Betrachter der Eindruck einer zögerlichen Bewegung, was oft auch als *leidenschaftsloses* und monotones Gehen bezeichnet wird. Es ist eine Bewegung ohne Höhen und Tiefen. Die Grundstimmung dieses Menschen wird von Ruhe und Nachdenklichkeit geprägt. Diese Bewegung taucht oft im Zusammenhang mit einem *hängenden Kopf* auf, weswegen sie auch einen Hauch von Traurigkeit ausstrahlt. Man könnte den Eindruck gewinnen, dass sich die Nachdenklichkeit bis in die Fußspitzen erstreckt und dass man sich bei jedem Schritt überlegt: „An welcher Stelle setze ich mich nieder?" Menschen, die sich so bewegen, sind häufig introvertiert und gehören eher zu der Spezies „Beobachter" als zu jener der „Berserker".

Die meisten dieser Menschen schauen gern zu Boden, bewegen die Unterarme nicht übermäßig, und die Schrittgeschwindigkeit ist auch nicht gerade als „blitzschnell" zu bezeichnen. Dieser Typ liebt dic Stille und hasst die lärmende Lustigkeit. Denken Sie noch einmal an René in unserem zweiten Szenario. Oft nimmt man ihn in einer Gruppe nicht sofort wahr, und nach einer Konferenz wird sogar manchmal behauptet, dass er gar nicht anwesend gewesen war. Wenn er in Gesellschaft ist, gehört er nicht zu denjenigen, die sich in den Vordergrund spielen. Er steht etwas abseits und beobachtet das Geschehen meist mit großer Sorgfalt.

Übung

Stellen Sie sich vor, dass Sie durch knietiefes Wasser waten, Sie haben also einen Wasserschaden an der Garderobe. Der Strom, durch den Sie waten, ist so stark, dass Sie sich mit beiden Beinen dagegenstemmen müssen, um vorwärts zu kommen. Da Sie im Wasser nicht schnell laufen können, selbst wenn Sie es wollten, findet dieses *„gegen den Strom waten"* im Allgemeinen in einem langsamen Tempo statt. Fast von alleine liegt der Schwerpunkt des Schrittes auf der mittleren Phase.

Haben Sie ein Gefühl für diese Bewegungsart? Die meisten Menschen bezeichnen diese Bewegungsdynamik als unsicher, labil, stark introvertiert, aber sehr bewusst.

Stellen des Fußes

Die dritte und letzte Phase, das Stellen, wird bei manchen Menschen so sehr betont, dass es sogar zu hören ist. Diese Bewegungsdynamik weist in die Erde hinein und sagt mit jedem Schritt: Basta, Basta und

Basta! Auf andere hinterlässt diese Gangart den Eindruck einer gewissen Bodenständigkeit und Gradlinigkeit, und dies drückt auch die Grundstimmung dieses Menschen aus.

Ist der Körper dabei meist nach vorne geneigt, gehören oft auch Schuhe mit einem massiven Absatz mit zur Signalkette, sodass man gar nicht anders kann, als Krach zu machen. Dieser Gang ist zielorientiert und passt sehr gut zum Choleriker. Im Allgemeinen ordnet man diesen Menschen Standfestigkeit und einen Hang zum Zupacken zu.

Wenn Sie die Betonung Ihres Schritts auf die dritte Phase, dem Stellen, legen, werden die Oberschenkelmuskeln stark angespannt. Bei Menschen, die ihre Oberschenkel durch körperliche Arbeit zusätzlich viel bewegen, sieht es für den Betrachter oft so aus, als wenn sie beim Gehen ihre Oberschenkel vor sich herschieben. Es entsteht das Bild eines Danny de Vito, der sich wie ein Mini-Bulldozer durch die Flure bewegt.

Einen phlegmatischen Ausdruck erhält derjenige, der seinen Körper dabei nach hinten geneigt hat, auch der Kopf ist dann nach hinten gezogen. Das Tempo ist dann nur halb so schnell und die Arme baumeln in der Bewegung an der Seite des Oberkörpers herunter. Dieser Geher macht weniger Lärm beim Aufsetzen des Fußes.

Übung

Und nun ein letztes Mal ab zur Garderobe. Stellen Sie Ihren Fuß so laut auf, dass Ihr Nachbar Ihre Schritte bis in sein Schlafzimmer hören kann, und neigen Sie sich ein wenig nach vorne. Die meisten Menschen bezeichnen diese Bewegungsdynamik als energiegeladen – aber auch als anstrengend.

Stellen Sie sich vor, Sie haben ein kleines Bäuchlein, über das sich zwei Hosenträger spannen. Ihre Daumen hängen Sie jetzt hinter die Hosenträger, ungefähr auf der Höhe des Bauchnabels, wobei Ihre Ellenbogen schön zur Seite abstehen. Jetzt ziehen Sie den Kopf skeptisch nach hinten, lächeln Sie leise vor sich hin, und fühlen sich bitte zufrieden!

3. Das Tempo

Stellen Sie sich mal einen Menschen mit einem sehr hohen Lebenstempo vor: einen Menschen, bei dem alles auf „vorspulen“ gestellt ist, der schon aus Prinzip und ohne auch nur mit der Wimper zu zucken die höchsten Unternehmensziele, die man überhaupt erreichen kann, anstrebt. Wir können davon ausgehen, dass dieser Mensch *für jede Tätigkeit* – und hierbei ist es gleichgültig, ob er Zeit hat oder nicht – ein *schnelles Bewegungstempo* besitzt. Geht er in der Firma zum Kopierer, der vielleicht einen Stock höher steht, macht er dies in demselben Tempo, das er anwenden würde, um einen Bus noch zu erreichen, der schon seine Türen schließt. Seine Vorstellungen vom Leben sind mächtig zielorientiert und dynamisch.

Handelt es sich im entgegengesetzten Fall aber um einen Menschen, der alles mit Bedacht angeht und mit dem Motto „Nur nichts überstürzen“ lebt, kann man davon ausgehen, dass er sich auch langsam und bedächtig durch die Gegend bewegt. Und wenn er die Rücklichter vom morgendlichen Bus von hinten sieht, obwohl dieser noch steht, wird er wohl nicht mal den Versuch unternehmen, den Bus noch zu erreichen; er nimmt den nächsten.

Übung

Wenn Sie das nächste Mal in der Stadt etwas besorgen möchten, achten Sie doch mal auf die verschiedenen Tempi, mit denen die Menschen sich durch die Fußgängerzone bewegen. Da gibt es kleine *Flitzer, Kombis, Großraumlimousinen und Lastwagen,* und alle fahren mit einem unterschiedlichen Tempo.

Der Flitzer, wie der Name schon sagt, ist natürlich der Schnellste, und der Lastwagen der Langsamste. Suchen Sie sich z.B. einen Flitzer wie den Fiat Cinquecento aus der Menge heraus und versuchen Sie, mit diesem Schritt zu halten (macht übrigens Spaß!). Das Gleiche machen Sie für den Kombi – vielleicht ein Volvo –, die Großraumlimousine – ein Espace, Diesel –, oder den Lastwagen.

Dann stellen Sie sich die einfache Frage: In welchem Tempo fühle ich mich am wohlsten? Natürlich benutzen Sie im täglichen Leben unterschiedliche Tempi in unterschiedlichen Situationen. Und doch haben Sie eine vertraute Grundgeschwindigkeit. Der Vergleich mit den Autos passt auch hier: Ein Laster fährt kaum über 100 km, hat aber viel zu tragen und dazu einen langen Bremsweg. Ein Volvo-Fahrer fährt kaum über 180 km/h – aus Sicherheitsgründen.

Sie können in dieser Übung aber im Vergleich zu anderen sehr schnell merken, ob Sie wirklich schnell gehen oder nur *meinen,* schnell zu gehen. Wenn Sie meinen, dass Sie schnell gehen, werden Sie höchstwahrscheinlich überhaupt nicht verstehen können, dass Ihre Kollegen Sie immer aufziehen, wenn Sie etwas länger für eine Arbeit brauchen als andere. Sie bekommen auch öfter zu hören: „So eine Trödeltasche!" Sie sind aber eigentlich davon überzeugt, dass Sie sich mit dem Bringen der Unterlagen schrecklich beeilt haben. Ihre Kollegen hätten diesen Weg unter Umständen in der Hälfte Ihrer benötigten Zeit hinter sich gebracht. Ups! Wie gesagt, im Vergleich wird manches klarer.

4. Die Hüfte

Der Ursprung Ihrer Bewegungsdynamik kommt aus der Hüfte – ich könnte auch sagen, aus dem „Popo", das macht für das Auge keinen Unterschied.

Die Bewegung aus der Hüfte wirkt auf uns sehr unterschiedlich. Bei einer Frau ist sie zudem anders als bei einem Mann. Leben wir als Frau unsere weiblichen Seiten im Leben aus, vielleicht indem wir unsere Gefühle durch Worte und Taten zum Ausdruck bringen, kann es sein, dass der Hüftbereich weiblich und lebendig „schaukelt". Leben Frauen diese Weiblichkeit aber nicht aus und unterdrücken sie sogar, wirken sie oft etwas „taff" und ein wenig zu „männergezeichnet". Die Hüfte wirkt dann fest und unbeweglich. Das hat Auswirkungen auf den restlichen Körper und wird durch eine gewisse Steifheit in der Bewegung sichtbar.

Die Frau hat ihre weiblichen Attribute dann meist an der Schwelle zur Männerwelt abgegeben und sie unterdrückt meist sogar ihre frauliche Herkunft, die ihr bloß, wie sie meint, im Wege stehen würde. Das spiegelt sich in der Körpersprache an der festgehaltenen, fast unbeweglichen Hüfte, dem forschen Gang und den kantigen Gesten beim Sprechen wieder.

Seien Sie als männlicher Leser bitte nicht zu ungerecht mit diesem Frauentyp, denn auch dieser Typ von Frau hat eine Weiblichkeit. Allerdings eine verdeckte.

Manche Männer schaukeln auch mit den Hüften und wirken dadurch weiblicher als ihre nicht schaukelnden Kollegen (wir waren übrigens als Embryo bis zur dritten Woche der Schwangerschaft allesamt androgyn und irgendetwas muss davon doch noch zu spüren sein). Für einige wirkt es auch ein wenig homosexuell. Viele männlichen Homosexuellen können – ähnlich wie Frauen – ihre innersten und tiefsten Gefühle besser durch Worte und Taten zum Ausdruck bringen als andere Männer, und oft leben sie die vielen weiblichen Eigenschaften, die *jeder* Mann in sich trägt, mutig aus.

Vorsicht allerdings mit der schnellen Beurteilung! Nicht jeder Mann, der mit den Hüften wackelt, ist auch homosexuell. Häufig ist er einfach ein „weiblicher Mann".

Weitere Signale dieser Weiblichkeit können sein: *weiche Gesten, schräger Kopf*, im Stehen mit der *Hüfte eingeknickt*, und sehr freundliches und verständnisvolles Auftreten. Das sind dann am Stammtisch eben die „Frauenversteher", „Rückwärtseinparker", „Teletubbyzurückwinker", „Schwuchteln" oder „Turnbeutelverlierer". An diesen nicht gerade netten Bezeichnungen können wir erkennen, dass auch die weiblichen Attribute bei einem Mann in unserer Gesellschaft noch nicht akzeptiert werden.

Übung

Wie fühlen Sie sich, wenn Sie zu Ihrem Fenster gehen und mit den Hüften wackeln? Frauen fühlen sich plötzlich sehr weiblich und sexy, was die anwesenden Männer im Raum sicherlich auch bestätigen können. Männer fühlen sich damit meistens nicht so wohl – zumindest verkünden Sie dies lautstark.

Den Frauen lege ich ans Herz oder eben an den Popo: ruhig öfter mal im Gehen mit diesem zu wackeln. Wenn Sie dieses Schaukeln wieder langsam in Ihr Leben integrieren, werden Sie weniger Rückenschmerzen haben und sich erotischer fühlen. Diese Bewegung ist erotisierend, nicht nur beim Zuschauer. Denken Sie noch einmal an Peggy: Sie hat dem Klischee entsprechend sicherlich ordentlich mit dem Popo gewackelt, was bei vielen die „Lust auf mehr" eher fördert als hemmt.

Die Kunst, sich selbst zu betrügen

Wenn Sie mal ein schlechten Tag haben, aber eigentlich gut drauf sein müssen, da Sie vielleicht ein wichtiges Meeting haben, gehen Sie einfach wie der *Luftikus:* Heben, heben, heben! Sie werden merken, dass die Laune sofort besser wird.

Das hat etwas mit unserem Gehirn zu tun. Durch diese Bewegung, die im Gehirn in unserer Kindheit als fröhlich abgespeichert wurde, wird das Freudegefühl als Botschaft zum Gehirn gesendet. Von dort geht es weiter an alle wichtige Körperteile, die dann die Botschaft erhalten: alles paletti, alles super.

Warum? Als Kinder sind wir vor Freude gehüpft, wenn Papa versprochen hat, mit uns Eis essen zu gehen. Die Bewegungsdynamik ging nach oben, sozusagen gen Himmel. Das Freudegefühl schoss uns in die Beine. An dieses Körpergefühl erinnert sich unser Gedächtnis später und gibt diese Informationen an unser Gefühl weiter. Durch die gesamte Kindheit ist nach und nach eine Gewohnheit entstanden, alles das, was einer Aufwärtsbewegung gleicht, als positiv abzuspeichern.

Das Selbstwertgefühl und unsere Denkautobahnen

Natürlich entstehen auch gegenteilige Gewohnheiten, Gewohnheiten eher negativer Stimmung, die unser Denken, Fühlen und Handeln bestimmen.

Wenn wir z.B. kein guter Schüler waren und wenn wir das von zuhause, von unseren Mitschülern und von unserem Lehrer oft zu hören bekamen – man uns vielleicht sogar damit aufgezogen hat –, werden wir das „Lernen“ an sich als Negativum abspeichern. In Situationen, in denen es dann heute um Wissen geht, ist das Selbstwertgefühl so schwach ausgeprägt, dass wir dazu neigen, dem Gesprächspartner innerlich Recht zu geben – was nicht heißen soll, dass wir das auch hörbar tun. Ein sehr ehrgeiziger Mensch wird versuchen, dieses Manko zu vertuschen, damit sein Ansehen in der Gesellschaft keinen Kratzer bekommt. Die Worte „Ich bin dumm“, die wir zwar gar nicht denken, die jedoch trotzdem kontinuierlich in unserem Hinterkopf herumschwirren, *schlagen uns* auf das Selbstwertgefühl und somit auch auf die *Bewegungsdynamik*. In unsicheren Momenten wird so auch der Gang plötzlich unsicher, und immer mehr kleine Schritte schleichen sich zwischen Ihre eigentlich großen.

Das soll nicht heißen, dass alle Menschen, die keine guten Schüler waren, kleine Schritte machen müssen. Aber die Unsicherheiten, die sich bei fast allen und in diversen Lebenslagen durch unterschiedliche Erlebnisse breit gemacht haben, halten sich erstaunlich lange im Hinterkopf. Sie sind durch die persönlichen negativen Erfahrungen in der Kindheit und Jugendzeit entstanden.

Warum? Ihre gesamte Lebenseinstellung wird durch Körpererfahrungen in unserem Gehirn abgespeichert. Wenn dort Negatives gespeichert ist, wie eben vielleicht „Ich bin dumm“, ist unsere Wahrnehmung darauf ausgerichtet, diese Unzulänglichkeit sofort und überall zu orten, um passend darauf zu reagieren. Eine häufige Reaktion ist das Weglaufen, z.B. vor bestimmten Situationen, in denen Wissen gefordert ist, oder auch dann, wenn Sie sich nicht durchsetzen wollen, wenn es beispielsweise um eine Führungsposition geht. Höchstwahrscheinlich würde ein solcher Mensch sich auf keinen Fall bei „Wer wird Millionär“ anmelden. Hat man im Gehirn aber positive Erinnerungen durch positive Erfahrungen gespeichert, ist es eben umgekehrt.

Unsere Denkgewohnheit verleitet uns dazu, uns auf diesen ausgebauten „Denkautobahnen“ zu bewegen, da es die bequemsten Straßen sind. Täglich kommen neue Lebensinhalte hinzu, von denen manche neu mit aufgenommen werden und andere im geistigen Papierkorb landen. Eine Einstellung zu den Dingen kann sich langsam ändern, aber nur dann, wenn man sich zusätzlich zu den Autobahnen auch viele neue kleine Straßen genehmigt. Leider halten sich Kindheitserinnerungen so schrecklich lange, wahrscheinlich, weil sie alle *körperlich* erlebt wurden, und können somit schlecht abgehakt werden – auch wenn man schon längst der klügste Mensch in der gesamten Firma ist.

Die Grundeinstellung zum Leben ist eben nicht mal so eben über Bord zu werfen. Wir schaffen es meist nur dann, uns davon zu befreien, wenn wir das wirklich wollen, und vor allem dann, wenn wir Probleme mit dieser Einstellung bekommen. So kann z.B. manchmal der eigene Partner dieses Problem, das er über Jahre hinweg erduldet hat, nicht mehr ertragen und will sich scheiden lassen. Jetzt kommt der Moment, in dem man die Chance hat, sich zu verändern – nur weil die Notwendigkeit das fordert. Jetzt kann eine Ehefrau plötzlich doch abnehmen, obwohl Sie zwanzig Jahre lang behauptet hat, ein Schwangerschaftsbauch sei nicht mehr wegzukriegen, und ein Ehemann kann plötzlich doch früher als gewöhnlich nach Hause kommen, sodass die Ehefrau wieder bemerkt, dass ihr Ehemann mit *ihr* verheiratet ist und nicht mit seinem *Unternehmen.*

Sportler und ihre Coaches wissen schon seit geraumer Zeit, dass die *innere Einstellung* zum Erfolg das Leben grundlegend verändern kann. Sie lernen durch gezielte mentale Techniken, diese Grundeinstellung zu ihrem Erfolg zu perfektionieren. Dann heißt es nicht mehr „Vielleicht gewinne ich ja …“, sondern „Ich werde gewinnen!“ Dass solche Motivationstechniken in gewissen Großveranstaltungen bei „unsachgemäßer“ Anwendung heftige Enttäuschungen hervorrufen können, ist klar. Einige Menschen überfordern sich so dermaßen mit irrealen Zielvorstellungen, die sie gar nicht erreichen können, dass sie enttäuscht und im schlimmsten Fall mit einem psychischen Knacks zurückbleiben. Überschätzen Sie Ihre Leistung nicht, was Ihre persönlichen Zielvorstellungen angeht, und bleiben Sie auf dem Teppich, denn 100 Prozent sind 100 Prozent und nicht 200 Prozent. Doch lassen Sie sich auch nicht von der allgemeinen Miesepeter-Stimmung und „Das-geht-nicht“-Haltung anstecken, setzen Sie sich realistische Ziele und glauben Sie auch an

Ihren Erfolg – Sie können über sich hinauswachsen und alte Probleme lösen.

Also

Denken Sie an das halb volle Wasserglas. Ein Mensch, der von seinem Elternhaus gelernt hat, positiv zu denken, für den ist das Glas *halb voll. Dieser Mensch hüpft innerlich!* Das ist undenkbar für einen Menschen, der eine düstere Lebenseinstellung vertritt. Für ihn wird das Glas immer *halb leer* sein, *der schleicht sich davon.*

Unsere Lebenseinstellung und unser Selbstkonzept bestimmen unser Leben. Mit Geduld und Hartnäckigkeit kann man es positiv verändern. Was haben Sie für ein Selbstkonzept?

3. Element, Mittwoch

Türsteher oder Bohnenstange – Der Stand und die Oberkörperhaltung

Mit *Standarten* bezeichnet man die Art und Weise, wie wir in der Kommunikation zu einem Partner oder einer Gruppe stehen. Die Standart hängt unter anderem stark mit dem individuellen Territorialverhalten des einzelnen Menschen zusammen. Es ist ein gravierender Unterschied, ob ein Mensch mit Vorliebe breitbeinig oder mit geschlossenen Füßen dasteht. Ebenso ist es ein Unterschied, ob jemand leichtfüßig oder „mit beiden Beinen auf der Erde", also auf dem Boden der Tatsachen, steht.

Türsteher oder Bohnenstange?

Die Standarten sind weitere Mosaiksteine, die Sie benötigen, um Ihre Menschenkenntnis im täglichen Miteinander zu verbessern. Auch hier gilt: Sie lernen nicht nur etwas über Ihre Mitmenschen, um noch besser ihre Gedanken zu lesen, sondern Sie verbessern natürlich auch Ihre *Selbsterkenntnis*.

Stellen Sie sich vor Ihrem geistigen Auge einen Türsteher vor einem Nachtclub vor. In Hamburg, wie in allen anderen großen Städten, gibt es eine Menge solcher Clubs, in denen sich die Jugend und Berufsjugend, in Form von Single-Ladys und Single-Männern, versammelt, um ihre abendlichen Balzrituale abzuhalten. Damit die Stammeshäuptlinge eines bestimmten Clubs, sagen wir mal des „Jeans-auf-Hüfte-Clubs", die eigenen Squaws nicht an ihre Feinde verlieren – z.B. an die Stammeshäuptlinge des „Juppie-Z3-Clubs" –, hat sich auch hier in Hamburg eine bestimmte Gewohnheit eingeschlichen. (Früher kannten wir derart intolerantes Verhalten ja nur aus der Münchner Szene)

Man stellt also vor dem Club einen Türsteher auf, der die Squaws des jeweiligen Stammes schützen soll. Jeder Stamm verkehrt in seinem eigenen Club und möchte natürlich seine eigenen Squaws unter keinen Umständen an einen anderen Stamm verlieren. Natürlich gelingt ihm die Verteidigung nicht immer 100-prozentig, denn auch ein Türsteher ist nicht allwissend und erkennt nicht immer auf Anhieb die Stammeszugehörigkeit des Einlass-Suchenden.

Ein guter Türsteher zeichnet sich weniger durch einen hohen IQ aus, als vielmehr durch seine kräftige Statur und seinen Einhalt gebietenden Body: Brust raus, linke Hand umklammert das rechte Handgelenk auf Bauchnabelhöhe, geringschätzend-cooler Blick durch leicht zusammengekniffene Augen, vorstehendes Kinn und Beine breit – möglichst breit! Je überzeugender ein Türsteher erscheint, desto respektvoller wird er behandelt. Wir haben jetzt *drei Signale* am Türsteher beobachtet, eine Signalkette, die uns auf die innere Einstellung des Türstehers in diesem Moment hinweist: „Nein, hier kummst du nit rrrein, weil du siehst scheiße aus!" (Zitat Kaya Yanar).

Stellen Sie sich einmal vor, der Türsteher wäre gertenschlank und ziemlich groß, seine Fußspitzen würden beim Stehen nach innen zeigen und sein Blick verriete durch seine aufgerissenen Augen ängstliche Skepsis gegenüber den ankommenden Barbesuchern. Eine Bohnenstange! Er würde dem Klischee des Türstehers nicht entsprechen und wäre somit auch denkbar ungeeignet für diesen Job.

Andere Stammeshäuptlinge, vielleicht sogar aus fernen Ländern, hätten dann die Möglichkeit, sein Territorium, das er verteidigen muss, zu besetzen, zu überrennen oder einzunehmen. Schluss mit Squaws! Dann ist er als Türsteher hier fehl am Platze.

Sie können sehen, dass nicht nur die Genetik, sondern auch die Einstellung und die Situation, in der wir uns gerade befinden, die Standarten und die Oberkörperhaltungen prägen. Sie müssen sicherlich kein Türsteher sein, um Ihren Mitmenschen einen Eindruck von Standfestigkeit zu vermitteln, denn es reicht manchmal schon aus, so zu stehen wie ein Türsteher.

Stehen zwischen standhaft und flexibel

Wir können bei unseren Mitmenschen vier verschiedene Standarten erkennen:

1. Geschlossene Beine
2. Breitbeinig stehen
3. Überkreuzte Beine
4. Stand- und Spielbein

1. Geschlossene Beine

Der Hotelpage bei der Ankunft eines Gastes: Seine Füße sind – der Beruf verlangt es – geschlossen, so geschlossen, dass man nur mit Anstrengung ein DIN-A-4 Blatt dazwischen stecken könnte. Seine zwei großen Zehen berühren sich sogar fast, zumindest aber berühren sich die inneren Fußgelenke, ähnlich wie bei der Bohnenstange. Den Stand der Füße kann man körpersprachlich auf unseren inneren Standpunkt zu einem bestimmten Thema übertragen. Wenn der Liftboy also die Füße geschlossen hält, nimmt er das minimalste Fleckchen Erde in Beschlag, auf dem er gerade steht.

Er vermittelt kaum den Willen zur Aktivität, vergleichbar einem Soldaten beim Appell. Der Soldat darf ja keine innere oder äußere Regung zeigen, wenn er mit seinen Kameraden in Reih und Glied antritt. In diesem Moment ist er Befehlsempfänger. Der Stand mit geschlossenen Beinen sieht also ordentlich und pflichtbewusst aus. Menschen mit einer Vorliebe für diese Standart – auch im privaten Umgang mit anderen – haben den Anspruch, weniger für sich selbst als für andere alles richtig und vor allem alles ordentlich zu machen.

In bestimmten Branchen ist es immer noch weit verbreitet, durch ein extrem devotes Verhalten einen ordentlichen und pflichtbewussten Eindruck beim Kunden zu hinterlassen. Devotes Verhalten kann man dann ausmachen, wenn zu den geschlossenen Füßen ein weiteres Signal hinzu kommt, nämlich das *leichte Nach-vorne-Beugen* des gesamten Oberkörpers – und zwar jedes Mal, wenn der Devote seinem Gegenüber zustimmt. Diese Geste sieht aus, als mache er jedes Mal einen „Diener“ nach vorne.

Das kann man auch künstlich erzeugen, ja sogar verlangen, wenn es die Situation vorschreibt: Bei der Preisverleihung des Prinz-von-Asturien-Preises in Spanien gab es für die Fotografen der Presse eine amüsante Situation. Der Prinz von Spanien, der als Preisverleiher fungierte, begrüßte die wichtigen Anwesenden und gratulierte den Preisträgern per Handschlag. Alle, die dem Monarchen die Hand reichten und dabei fotografiert wurden, schienen auf den später veröffentlichten Bildern einen Diener zu machen.

Warum? Es ist ein ganz einfacher Trick: Herr Philippe hatte eineinhalb Meter vor sich auf dem Boden eine Markierung anbrin-

gen lassen. Diese Markierung durfte niemand übertreten – mit dem Effekt, dass sich jeder beim Handschlag tüchtig strecken musste, um seine Hoheit überhaupt zu erreichen, denn der Prinz beugte sich keinen Millimeter vor. Das Ganze sah somit nach einem Diener aus. (Die selbstbewusste, jugendliche Tochter eines Preisträgers scherte sich übrigens überhaupt nicht um diese Markierung und ist auf den Fotos die einzige Person in nichtdevoter Haltung!)

Ein drittes Signal wäre dann der *leicht geneigte Kopf zur Seite* und das vierte Signal ein *aufgesetztes, schleimiges Lächeln.* Ein fünftes in dieser Signalkette der devoten Haltung sind die *ineinander gelegten Hände hinter dem Rücken.* Menschen, die mit geschlossenen Füßen stehen – ob dauerhaft oder aber nur für einen Moment – wollen mit dieser Standart zeigen, dass sie sich in ihren Belangen zurücknehmen werden. Manche Menschen haben im Laufe des Kindheits- und Jugendmarathons erlernt, sich bei Elternrügen geschwind brav und pflichtbewusst hinzustellen und abzuwarten, bis der Sturm vorbeigezogen ist. Damit blieb ihnen weiterer Ärger erspart, denn sie boten eine kleinstmögliche *Angriffsfläche.*

Stellen Sie sich einmal ein achtjähriges Kind vor – Junge oder Mädchen –, das gerade von seinem Papa ausgeschimpft wird. Papa hat dabei die Hände in die Hüften gestemmt, reckt seinen Kopf wie ein neugieriges Huhn nach vorne und guckt böse. Das achtjährige Kind steht mit geschlossenen Füßen schuldbewusst vor ihm. Es hat höchstwahrscheinlich seine Hände auf dem Rücken ineinander gelegt und schaut wie ein Dackel zum Vater auf. Während das Kind zuhört, bewegt sich sein Oberkörper in leichten Drehbewegungen von rechts nach links und wieder zurück. Das sieht schuldbewusst aus, oder?

Diesen Eindruck kann auch ein Erwachsener hinterlassen, wenn er in einer Branche arbeitet, in der der Kunde viel Wert auf solche Verhaltensweisen legt. Vor allem, wenn aus der Unternehmensphilosophie heraus jeder Kunde auch König sein muss.

Übung

Bei Ihrem nächsten Gespräch mit Ihrem Boss stellen Sie sich mit geschlossenen Füßen vor ihn hin. Sie müssen Ihre Innenschenkel aneinander spüren. Stehen Sie ruhig extrem lange in dieser Standart, denn erst dann stellt sich das dazugehörige Gefühl ein. Das können Sie natürlich auch in einem Gespräch zu Hause ausprobieren. Merken Sie, wie wenig Platz Sie beanspruchen? Wie der Winnetou am Marterpfahl!

Prägen Sie sich dieses Gefühl gut ein. Aber bemerken Sie bitte auch, wenn Sie das nächste Mal so stehen, und fragen Sie sich dann einmal: Warum beziehe ich kaum einen Standpunkt zu diesem Thema und verkrieche mich in mein Schneckenhaus?

In Präsentationen kann man häufig beobachten, dass der Redner, wenn er den Faden verloren hat, kurzzeitig mit geschlossenen Beinen dasteht und sogar mal einen Schritt zurück macht. Das passiert auch, wenn Menschen über Dinge referieren, bei denen ihnen selbst nicht ganz klar ist, ob sie wirklich Recht haben und ob das wirklich stimmt, was sie da gerade zum Besten geben.

Also

Wenn wir Typen mit geschlossenen Füßen stehen sehen, strahlen sie kaum einen Anspruch auf ihr Territorium aus und bezeugen somit auch wenig Selbstbewusstsein. Wenn Sie allerdings so stehen möchten, weil es die Situation, in der Sie sich befinden, erfordert – z.B. bei einem Besuch Ihres schnell explodierenden Chefs, den Sie um eine Gehaltserhöhung bitten möchten, und von dem Sie wissen, dass Sie sein Büro überhaupt nur mit devotem Verhalten betreten dürfen, dann bitte schön!

2. Breitbeinig stehen

Unser Türsteher sollte auf keinen Fall mit geschlossenen Füßen vor seinem Nachtclub stehen, denn er kann es sich nicht erlauben, eine passive Haltung einzunehmen. Er sollte stattdessen immer vermitteln, dass er wach und aktiv bei der Sache ist.

Um in seinem Job anerkannt zu werden, ist es für unseren Türsteher sehr wichtig, sich nicht nur mit dem Oberkörper, sondern auch mit den Füßen breit zu machen. Er *muss* breitbeinig stehen, denn in dieser Position kann er am meisten Territorialanspruch geltend machen, und kein fremder Stammeshäuptling wird es wagen, die Squaws aus seinem Wigwam zu entführen.

Wenn ich von *breitbeinig* spreche, dann meine ich nicht das Parallel-Stehen, bei dem die Füße auf einer Breite auseinander stehen, die den Schultern entspricht. Beim *Breitbeinig-Stehen* sind die Füße weiter als die Schultern auseinander und die Fußspitzen weisen nach außen.

Frauen stehen seltener in dieser Standart als Männer – es sei denn, es handelt sich um Frauen, die „Pferde stehlen". Dies sind sehr bodenständige Frauen, die sich über gesellschaftliche Regeln hinwegsetzen können, die behaupten, dass eine Frau nicht so stehen *darf. Basta!*

Die Frau aus der „gehobenen Gesellschaft", zu der ja fast jeder gehören will, steht schmal und vor allem „geknickt". In der Werbung kann man diese Standarten sehr schön wiedererkennen. Frauen werden immer mit „Körperkurven" abgebildet, die durch das *Abknicken* diverser Körperteile entstehen. Oben am Hals befindet sich die erste *Körperkurve*: der Kopf liegt schief. Die zweite Kurve befindet sich in der Taille, sodass sich der Po seitlich keck nach oben wölbt. Dadurch wiederum entsteht eine weitere Kurve im Kniegelenk, was uns schließlich zu der Kurve im Fußgelenk führt. Eine einzige vertikale Kurvenlandschaft. Warum machen Frauen das?

Nehmen wir uns doch kurz ein unmodernes Frau/Mann-Klischee zur Hilfe, um diese Gewohnheit besser zu verstehen.

Exkurs: Jäger und Sammler

Der Mann war – und ist teilweise auch heute noch – der Versorger und Beschützer seiner Doris und seiner Familie. Er schützte sie vor bösen Feinden und wilden Tieren, wie dem Tiger und dem Bären, und versorgte seine Familie mit Nahrung, indem er auf die Jagd ging. Dazu benötigte er die Fähigkeit, sein Ziel im Auge zu behalten. Zielorientiertheit ist also ein Mitbringsel aus der Vergangenheit, weswegen der Mann von heute (nach Allan und Barbara Pease) die Butter im Kühlschrank nicht finden kann, wenn sie sich nicht haargenau vor seiner Nase befindet. „Schatz, wo ist die Butter, wir haben ja keine Butter mehr …“.

Die Frau dagegen sammelte Beeren für ihre Familie und managte ihre Höhle. Dazu benötigte sie Umsicht und Beweglichkeit. Sie brauchte die Fähigkeit, alles auf einmal zu sehen, weswegen die Frauen von heute das Gras wachsen hören oder eben die Butter schneller im Kühlschrank finden.

Um seiner Aufgabe, der des Beschützers, gerecht zu werden, musste der Mann ein richtiger Held sein. Das konnte man an seinen Muskeln und dem prächtigen Körperbau erkennen. Nach diesen Kriterien wählte sich die Frau ihren Mann aus, denn der kräftige Körperbau befähigte ihn, seine Familie vor anderen Stammeshäuptlingen und wilden Tieren zu beschützen und sie ausreichend mit Nahrung zu versorgen.

Der Mann wiederum suchte sich seine Frau nach Kriterien aus, die eine gute Fruchtbarkeit signalisierten, damit er sein Fortpflanzungsziel erreichen würde – wie ausreichende Fettpolster und ein schönes (gesundes!) Gesicht. Die Frau musste ihre Fettpolster also zur Schau stellen, um dem Jäger zu signalisieren, dass sie gut genährt ist und seine Nachkommen ausreichend versorgen kann. Da die Frau auch sehr beweglich sein musste und nicht gemütlich vor dem Fernseher sitzen konnte, war das Fett nicht am Rücken oder an den Beinen abgelagert, sondern am Po und natürlich an den Brüsten, da es an diesen Stellen am wenigsten störte. Sie kennen doch den Ausdruck „gebärfreudiges Becken“. Und deswegen stehen Frauen in Kurvenlandschaften! Durch das zusätzliche Herausstrecken von Brust und Po entstehen die Kurven.

Das schöne Gesicht signalisierte ihm Gesundheit. Im Gesicht konnte er die Haut am schnellsten nach Unreinheiten überprüfen, was eine Hinweis auf Gesundheit oder Krankheit war. Eine gesunde Frau gab ihm die Gewährleistung, dass sie für den Erhalt seiner Gene ausreichend sorgen konnte. Zusätzlich sendete sie durch diese Merkmale auch Signale sexueller Natur, was die Lust auf „mehr“ noch zusätzlich anregte.

Sicherlich meinen einige jetzt, dass dies ein kleiner Schwank über die Geschichte unserer Evolution gewesen sei. Träumen Sie weiter! Sie finden noch heute überall Beweise, dass dieses Verhalten noch existent ist und angewendet wird. Vor allem wenn Männer auf Paarsuche, auf der Jagd sind, sind sie ausgesprochen zielorientiert. Wenn Frauen auf Paarsuche gehen, schminken sie sich ihre Gesichter, tragen Push-up-BHs unter dem Shirt und strecken im Stehen den Po auch mal ein wenig weiter heraus als notwendig. Sie tun so, als ob sie die niedlichsten Geschöpfe auf Gottes Erdboden wären und dringend einen Beschützer bräuchten. Einige Männer quälen sich an Bodybuilding-Geräten und geben sich alle Mühe, als der „Harte" aufzutreten.

Schauen Sie sich diese Balzrituale einmal bewusst an. Sie finden sie in der Kantine, im Büro, auf einem Empfang, im Restaurant oder bei Ihnen zu hause in Ihren eigenen vier Wänden – dort allerdings in abgeschwächter Form, da der Jäger ja sein Wild schon erlegt hat und die Frau ihrem Jäger schon längst zu verstehen gegeben hat, dass sie mehr oder weniger fruchtbar ist.

Übung

Gehen Sie noch einmal zu Ihrem Gesprächspartner von vorhin und stellen Sie sich stämmig vor ihn hin. Überschreiten Sie jetzt, wie im ersten Element beschrieben, die unsichtbare „Grenze" und stellen Sie sich breitbeinig in Ihre gemeinsame *intime* Distanzzone. Fragen Sie Ihren Partner, wie er sich dabei fühlt. Und?

Oder stellen Sie sich einmal in die Position der *vertikalen Kurvenlandschaft,* einerlei ob Sie männlichen oder weiblichen Geschlechts sind, und schauen Sie sich an, wie Menschen auf Sie reagieren.

Also

Ein Mann, der breitbeinig steht, hat eine starke Bodenhaftung und eine Menge Stehvermögen. Der Körperbau wirkt *stabil* und signalisiert der Frau: „Ich kann dich beschützen!"

Der Körperbau einer Frau wirkt durch die Kurvenlandschaft sehr sexy und signalisiert dem Mann: „Oh, lass uns gemeinsam kleine winzige Nachkommen machen!"

3. Überkreuzte Beine

Wenn Frauen mit überkreuzten Beinen dastehen, kann es durchaus sein, dass sie zur Toilette müssen. Wenn sie die Toilette *nicht* benötigen, wirkt diese Standart etwas verschlossen und verschämt.

In dieser Standart nehmen wir genauso wenig Platz ein wie mit *geschlossenen Füßen*. Die Beine verschlingen sich so deutlich miteinander, dass dieser Mensch nicht nur *verschlossen* wirkt, sondern auch so, als wenn er sich um keinen Preis auch nur einen Zentimeter weiter bewegen möchte. Übertragen wir dieses Bild auf den inneren Standpunkt, ist die Aussage eine ähnliche: Es wird dem Gesprächspartner etwas verlegen zugehört, aber es existiert kaum ein Wille zu handeln.

Männer stehen seltener in dieser Standart als Frauen, sollte es aber doch einmal vorkommen, sind es eher die schmächtigeren Zeitgenossen, denn die Beine müssen rein anatomisch schlank sein. Für die zwei muskulösen Schenkel eines Mannes ist es nicht so einfach, sich umeinander zu wickeln. Außerdem würde der Mann so ja nur wenig Territorium einnehmen – und das ist in der Regel nicht in seinem Interesse.

Übung

Stellen Sie sich mit überkreuzten Beinen vor den Spiegel und versuchen Sie dabei herauszufinden, wie sich das anfühlt. Sie bemerken sicherlich schnell, dass es sehr schwer ist, sich in eine Haltung *hineinzufühlen*, wenn Sie sich erst einmal im Spiegel angeschaut haben. Durch das Spiegelbild sind wir in einen anderen Sinn hinübergewechselt, den Sehsinn. Dann fällt das Hineinfühlen in der Regel weg, da wir uns nur schwer gleichzeitig auf den Sehsinn und das Fühlen von inneren Zuständen konzentrieren können.

Wichtig ist bei den Übungen also, dass Sie immer erst versuchen, in sich das Gefühl zu entdecken – ob Fuß, Stand, Arm oder Kopfstellungen –, und erst dann in den Spiegel zu schauen. Die differenzierteren Ergebnisse aus den jeweiligen Übungen erhalten Sie, wenn Sie Ihre ganz persönlichen Körpererfahrungen gemacht haben, und dafür reicht der visuelle Sinn nicht aus. Es wird immer wieder betont:

Alles, was Sie hören, behalten Sie zu 20 Prozent,
alles, was Sie sehen, behalten Sie zu 40 Prozent,
alles, was Sie tun, behalten Sie zu 90 Prozent!
Wie können Sie wohl 90 Prozent dieses Buches behalten?

Also

Diese Standart mit überkreuzten Beinen wirkt verschlossen, schüchtern, verlegen und passiv. In einer *professionellen Präsentation* hat sie grundsätzlich nichts zu suchen.

Kleine Mädchen lieben diese Standart. Sehen wir dieses Signal bei einer erwachsenen Frau, kann es ein Hinweis auf ihre Einstellung sein: „Ich bin klein, mein Herz ist rein, und bitte beschütze mich …" Die Signalkette, die diese Beurteilung unterstützen würde, wäre: *Dackelblick, Arme vor der Brust verschränkt* und meistens eine *zierliche Statur.*

4. Stand- und Spielbein

Das Konzept des Stand- und Spielbeins stammt aus dem alten Griechenland. Er wurde von griechischen Bildhauern verwendet, um bei Marmorstatuen eine Wirkung von Ausgeglichenheit zu erreichen. Stellen Sie sich einmal einen bacchantischen Knaben oder eine weibliche Göttin aus der Pinakothek in München vor: Diese griechischen Götter stehen fast immer mit einem Fuß fest auf der Erde, sodass 90 Prozent des Körpergewichtes auf diesem lastet. Der andere Fuß kann in verschiedenen Positionen neben seinem Pendant stehen. Er kann ihn „umspielen". Auf welchem der beiden Füße die Belastung ruht und ob der *spielende Fuß* seitlich vor oder seitlich neben dem *Standbein* steht, ist in diesem Zusammenhang unwesentlich.

Die griechischen Götter wirkten auch immer etwas verspielt, ob sie dabei jemanden herzten oder erschlugen. Auch in den griechischen Mythen kommt oft eine gewisse Verspieltheit zum Ausdruck. Amor z.B. war kaum seiner Mutter Venus entschlüpft, als er schon Jagd auf Elfen, Menschen und selbst auf Apollo machte, um ihnen einen goldenen Pfeil in den Popo zu schießen. Das tat er sicherlich nicht mit dumpfer Trauer im Herzen, sondern mit schelmischer Leichtigkeit.

Bei dieser Standart bietet sich dem Betrachter also ein ausgeglichenes Bild, immer mit einem Hauch von Leichtigkeit. Diese Leichtigkeit gab es in der bildenden Kunst *vor* den Griechen noch nicht. Erst in der griechischen Epoche haben sich die Menschen bewusst das Recht auf Vergnügen genommen. Dieses Bedürfnis nach Vergnügen drückt sich auch in der Kunst aus, denn die Kunst ist immer ein Spiegel der jeweiligen Gesellschaft und ihrer Einstellung zum Leben.

Schauen Sie sich im Gegensatz dazu die ägyptischen Götter an. Sie stehen alle auf beiden Füßen, mit gleichem Gewicht, wobei der eine Fuß leicht vor dem anderen steht. Leichtigkeit ist hier nicht zu entdecken. Oder haben Sie jemals in ägyptischen Fresken einen springenden Jäger oder gar tanzende Göttinnen gesehen?

Ob in einer Präsentation oder in einem Gespräch mit anderen, die Menschen von heute stehen gerne mit Stand- und Spielbein. Diese Standart ist die neutralste Stellung von allen Standarten und vermittelt uns einen leichten, flexiblen und ausgeglichenen Eindruck.

Eine Ausnahme ist es, wenn das Spielbein mit der Fußspitze nach innen zeigt, denn das signalisiert eine gewisse Introvertiertheit oder auch Schüchternheit. Im Gegensatz dazu kann die Fußspitze des *Spielbeins* aber auch extrem weit nach außen zeigen, sodass der Innenschenkel ein wenig sichtbar wird. Diese Standart signalisiert Selbstsicherheit, wenn auch der Begriff „Persönchen“ hier die passende Bezeichnung sein kann. Ballerinas stehen gerne so da. Aber vorsichtig, mit extrem auseinander stehenden Füßen werden Sie auch leicht als „*Watschelente*“ bezeichnet.

Übung

Stellen Sie sich auf *Stand- und Spielbein.* Auf einem Fuß lastet das Gewicht, und dies gibt dem anderen Spielraum für individuelle *Spielerein.*

Finden Sie heraus, welches *Ihre* Lieblingsstellung ist, welche Sie also aus Gewohnheit sehr häufig benutzen, und in welcher Sie sich wohl fühlen. Ob eine Gewohnheit aus dem persönlichen inneren Bedürfnis oder aus der Nachahmung der Eltern entstanden ist, ist an dieser Stelle gleichgültig. Eine Office-Managerin im Büro kann z.B. in einer bestimmten Situation das Bedürfnis verspüren, sich extrem breitbeinig hinzustellen – vielleicht, weil sie sich gerade gegen einen Arbeitskollegen durchsetzen muss. Er hat ihr einen Text zum Korrigieren hinlegt, für den sie überhaupt nicht zuständig ist. Hat die Office-Managerin aber *täglich* das Gefühl, dass sie *immer* für alles zuständig sein muss, kann es sein, dass sie sich im Laufe ihres Lebens angewöhnt hat, breitbeinig dazustehen, da sie gemerkt hat, dass sie sich damit besser durchsetzen kann.

Es kann aber auch sein, dass ihre Mutter immer so dagestanden hat, wenn sie von ihrem Ehemann kritisiert wurde, weil dieser sein Essen nicht rechtzeitig auf dem Tisch vorfand. In diesem Fall entstand die Gewohnheit durch die Nachahmung und nicht aus einer inneren situationsabhängigen Haltung heraus.

Also

Auf Stand- und Spielbein zu stehen, hat kaum einen aussagekräftigen Aspekt, *wohl* aber im Zusammenhang zur *Fußspitze.* Es wirkt auf uns relativ neutral.

Oberkörperhaltung in Verbindung zu Aktivität und Passivität

Der Prozess des *Atmens* kann unser Verhältnis zu Aktivität und Passivität versinnbildlichen. Wenn wir einatmen, sind wir *aktiv*, wenn wir ausatmen, lassen wir den Atem passiv los. Dieser Prozess ist weitgehend unbewusst und im täglichen Leben kaum zu kontrollieren. Wenn wir zu wenig Zeit für gewisse Erledigungen zur Verfügung haben und unter Stress geraten, atmen wir flach in die Lunge hinein und nicht in den Bauch oder die Flanken, wie es beispielsweise ein Opernsänger macht. Dieser atmet tief in den Bauch und sieht auch dementsprechend aufrecht aus, während Menschen mit einer flachen Atmung leicht in sich zusammengesackt wirken.

Das *Flach-Atmen* hat zur Folge, dass Bereiche des Körpers nicht mehr richtig mit Sauerstoff versorgt werden, und es kommt auf die Dauer zu einer Unterversorgung des gesamten Organismus. Dadurch sind wir dann nicht mehr so leistungsfähig, wie wir es gerne hätten.

Es kann aber auch sein, dass wir einen ängstlichen Mensch vor uns haben, der aufgrund dieser Ängstlichkeit flach atmet. Denken Sie mal an Ihre Kinderzeit, als Sie mit der Kinderclique „Verstecken“ gespielt haben. In dem Moment, wo der „Sucher“ sich uns auf wenige Zentimeter näherte, wurde die Atmung flach und ganz leise. Wir hielten den Atem an, denn wir waren für einen kleinen Moment „im Stress“.

Heute spielen wir weniger Verstecken, außer wir haben selbst Kinder, und doch stellt sich exakt der selbe Ablauf in der Atmung ein, wenn wir unter alltäglichem Stress stehen. Stress kann entstehen, weil wir uns z.B. Sorgen um einen Partner machen, wenn wir die Miete nicht zahlen können, wenn wir einen Arbeitsvorgang nicht zum gewünschten Zeitpunkt zu Ende führen können und aus vielen Gründen mehr. Dann zieht sich der Brustkorb zusammen, der Oberkörper wirkt angespannt und die Bewegung vermittelt eine gewisse Verschlossenheit.

Ängstliche Typen kommen mit wenig frischem Sauerstoff aus. Sie atmen mehr *aus* als *ein*, und durch diese Tatsache machen sie einen in sich gekehrten, introvertierten Eindruck. In sich zusammengesunken zu sein bedeutet auch, dass sich die Erlebnisfähigkeit reduziert, und man sich nicht aktiv und mit allen Sinnen am Umweltgeschehen beteiligen kann. Wie in einem Gefängnis.

Warum Angst bei einigen Menschen so stark verankert ist, dass man es bis in die Körperhaltung sehen kann, ist eine psychologische Frage, die man nur individuell beantworten kann. Da kann es hilfreich sein, sich die Standardsprüche der eigenen Eltern zu vergegenwärtigen. Diese Sprüche haben wir in unserer Kinder- und Jugendzeit kontinuierlich zu hören bekommen. Was sagen Sie zu diesen: „Reiß dich zusammen!“, oder „Spiel dich nicht so auf!“ oder „Steh anständig“, „Rede nicht dazwischen“, oder, oder ...

Bei einer wissenschaftlichen Untersuchung, die in verschiedenen Gefängnissen der USA durchgeführt wurde, ging es um Folgendes: Kann ein Verbrecher seine potenziellen Opfer an der Bewegung, eben an der Körpersprache erkennen? Ja, er kann es. Das Experiment wurde mit 90-prozentiger Trefferquote abgeschlossen.

Man hatte den Verbrechern Videos von Menschen in Bewegung gezeigt. Sie liefen an einer Straße entlang. Es wurden Testpersonen ausgesucht, die zum einen tatsächliche Opfer waren und zum anderen Personen, die rein willkürlich für dieses Experiment von den Wissenschaftlern ausgesucht wurden. Die schlimmen Finger konnten tatsächlich erkennen, wer in ihren Augen ein potenzielles Opfer war und wer nicht. Das Hauptindiz war die *Oberkörperhaltung*.

Strahlten die potenziellen Opfer Selbstbewusstsein und Mut aus, so ließ man sie in Ruhe. Strahlten sie aber wenig Selbstvertrauen und Angst aus, dann waren sie dran.

Man ging davon aus, dass viele potenzielle Opfer ähnliche körpersprachliche Signale aussendeten: Sie atmeten flach, der Oberkörper zog sich sogar zusammen und die Schritte waren klein. Der Blick war auf den Boden gerichtet und die Augen leicht geweitet. Durch diese Signale nahmen sie sehr wenig Territorium ein.

Durch die Angst, die diesen Menschen im Nacken saß, machten sie sich kleiner als sie waren, sie wollten eigentlich am liebsten gar nicht vorhanden sein. Der Oberkörper zog sich zusammen.

Durch Trauer und Depressionen verengen sich unsere Blutgefäße. Wenn jemand also mit einer traurigen Einstellung durchs Leben geht, sind seine Gefäße verengt und die Körpersprache offenbart auch dies. Ein *zusammengezogener Körper* wird sichtbar.

Das Gegenteil von Angst ist Mutigsein. Wie bewegen sich mutige Menschen? Bei einem Menschen mit einer mutvollen und positiven Lebenseinstellung sind die Blutgefäße erweitert, womit eine größere Ausdehnung des Körpers einhergeht. Um tief bis in den Bauch hinein atmen zu können ist es von Vorteil, eine gestreckte Körperhaltung einzunehmen, da sich Ihr Brustkorb sonst nicht voll aufrichten kann.

Dieser Prozess ist für andere sichtbar und signalisiert Stärke. Auch das hat mit einer Art von Machterweiterung zu tun. Wir besetzen dann ein Territorium – der Raum um den Oberkörper.

Ein Beispiel aus der Tierwelt, die einem manchmal näher liegt, als einem lieb ist: Um seiner Henne im Hühnerhof zu gefallen, plustert sich der Hahn manchmal so weit auf, dass er fast zu platzen droht. Er besetzt ein größtmögliches Territorium durch das Aufplustern. Seine Mitstreiter können seinem Beispiel aufgrund von körperlicher Unzulänglichkeiten *nicht* folgen und so verjagt er diese „Loser" auf das andere Ende des Hühnerhofes, wo diese sich dann mit den nicht so begehrten Hennen vergnügen können.

Ein Wichtigmacher, wie im richtigen Leben!

Übung

Stellen Sie sich aufrecht hin und lassen Sie beim Ausatmen die gesamte Luft, die sich gerade in Ihrer Lunge befindet, heraus. Übertreiben Sie dabei mal ordentlich, vielleicht sogar mit einem Geräusch. Ihr Oberkörper sollte sich jetzt leicht nach vorne beugen. Atmen Sie jetzt normal weiter und bleiben Sie in der eben beschriebenen Haltung stehen. Wahrscheinlich hat sich auch Ihr Kopf etwas gesenkt und Ihre Arme und Hände strotzen nicht gerade von Tatendrang.

Jetzt das Gegenteil: Atmen Sie ein und bleiben Sie mit der Oberkörperhaltung so aufrecht stehen. Auf keinen Fall aufgeblasen, sondern nur so, wie es Ihnen angenehm ist. Der Kopf wird wahrscheinlich eine leichte Aufwärtsbewegung nach oben machen und Ihre Arme und Hände könnten jetzt aktiv werden – für was auch immer. Atmen Sie *dann* wieder in Ihrem normalen Atemrhythmus weiter.

Die entscheidende Frage ist: Wie fühlt sich das für Sie an, wenn Sie aufrecht oder im Gegensatz dazu zusammengesunken sind?

Wenn Sie das herausgefunden haben, gehen Sie wieder zum Spiegel und beobachten sich in diesen zwei Haltungen. Sie können Ihre Arme auch beim Ausatmen vor der Brust verschränken, aber eher mit dem Gefühl des *Sich-selbst-Festhaltens* als dem der Abwehr. Beim Einatmen öffnen Sie Ihre Arme seitlich, als ob Sie Ihr Herzblatt, das gerade von einer langen Reise zurücckehrt, mit offenen Armen empfangen wollten.

Diese zwei Oberkörperhaltungen fühlen sich unterschiedlich an und drücken sich natürlich auch unterschiedlich aus. Das soll aber natürlich nicht heißen, dass Sie immer und überall aufrecht sein müssen. Eine selbstbewusste Ausstrahlung ist zwar viel wert – man wird z.B. nicht so einfach von einem schlimmen Finger seiner Brieftasche beraubt – aber schön *zusammengesunken* in der Küche zu stehen und durch die Küchentür eine Soap im Fernsehen zu sehen, da das Gerät im Wohnzimmer steht, hat doch auch einen ganz besonderen Charme.

Also

Menschen, die stark und selbstbewusst wirken, leiden weniger unter Angstzuständen, haben ein gesundes Selbstvertrauen und wirken durch diesen Umstand aktiv und engagiert, was für andere an der aufrechten Oberkörperhaltung zu erkennen ist. Menschen mit hängenden Schultern und einem komprimierten Oberkörper, die vielleicht auch nicht die mutigsten sind, wirken verschlossen und passiv. Wenn Sie in den nächsten Tagen solche Kollegen mit den dazugehörigen hängenden Schultern bei sich in der Firma entdecken, klopfen Sie diesen ruhig mal auf die Schulter.

Was, das kann man nicht einfach so machen? Klar, wenn das mehr Kollegen gegenseitig machen würden, würde es mehr Kollegialität und weniger Neid im alltäglichen Zusammenleben geben. Bestimmt.

Aufgeblasener Wichtigmacher

Es gibt Typen, die haben nicht nur eine aufrechte, sondern auch eine aufgeblasene Körperhaltung. Das verleiht ihnen den Ruf eines *aufgeblasenen Wichtigmachers*. Denken Sie einmal scharf nach. Sagen Ihnen Kollegen oder entfernte Bekannte vielleicht auch eine gewisse Arroganz oder eben Wichtigtuerei nach? Menschen, denen man Arroganz nachsagt, haben oft eine aufgeblasene Körperhaltung. Zusätzlich kann sich ein zweites und drittes Signal zu diesem Signal gesellen, nämlich dass der *Kopf leicht angehoben* ist und sich die *Ellenbogen leicht vom Körper abspreizen*. Der Wichtigmacher ist viel mit sich selbst beschäftigt und hat dadurch verständlicherweise wenig Wahrnehmung für seine Kollegen übrig. Er ignoriert andere auch gerne mal absichtlich.

Pumpen Sie in Zukunft etwas weniger Luft in die Lungen und atmen Sie mehr in den Bauch hinein. Die Schultern senken sich dann automatisch auf das normale Maß ab und der Ausdruck des aufgeblasenen Wichtigmachers verschwindet von alleine. Es sei denn, Sie drücken Aufgeblasenheit auch sprachlich zu jeder Gelegenheit aus und erzählen vielleicht jedem Hanswurst, was Sie für ein toller Hecht sind – auch wenn der es gar nicht hören mag. Wenn dem so ist, dann versuchen Sie bei der nächsten Gelegenheit ein bisschen schüchterner zu sein (weniger Luft).

Nur diejenigen, die anderen ständig etwas beweisen müssen, haben es nötig, ihre Stärken herauszuposaunen, weil Sie denken, dass sie nicht „gut genug“ sind. Manchmal ist weniger mehr!

Wenn das mit dem tollen Hecht stimmt, kann es sein, dass Sie ein sehr minderwertiges Selbstkonzept haben. Vielleicht trauen Sie sich selbst wenig zu und denken bei jeder Gelegenheit, dass Sie nicht gut genug sind. Vielleicht meinen Sie sogar, dass immer wenn ihr „toller“ Kollege etwas Grandioses vollbringt und dafür vom Boss auch noch gelobt wird, dass Sie das aber auch hätten hinbekommen müssen. So ein Vorfall wirft Sie so aus der Bahn, dass Sie dem armen Kollegen neidisch hinterhergucken. Bei Ihnen hat sich das Reptiliengehirn auf „Grün“ gestellt – der Verstand wird ausgeschaltet. Der Gedanke „Der hat etwas Grandioses geschafft, und das ist gut so!“ kann nicht mehr gedacht werden, denn ab jetzt geht es für Sie nicht mehr um das Nachdenken. Ab jetzt geht es ums Überleben: Wer ist der Bessere? Wer bekommt mehr Gehalt, wer hat den höheren Lebensstandard?

Übung

Als Sie eben vor dem Spiegel standen, habe ich Sie gebeten, sich *nicht* aufzublasen. Bitte tun Sie das *jetzt*! Sie müssten sich als aufgeblasener Wichtigmacher vorkommen, dazu saugen Sie ausreichend Luft in Ihre Lungen.

Wenn jetzt beim Einatmen kaum Luft in Ihre Lunge hinein will und dieser Atem-Zustand kaum von Ihrem alltäglichen Atem-Zustand abweicht, ist diese Haltung wahrscheinlich Ihre bevorzugte Körperhaltung. Sind Sie aufgeblasen?

Also

Menschen mit einer aufrechten Körperhaltung wirken auf uns meist sehr selbstbewusst. Hier gibt es allerdings den kleinen, aber feinen Unterschied zwischen selbstbewusst und aufgeblasen. Diese beiden Wirkungsweisen liegen nah beieinander und unterscheiden sich durch unterschiedliche Signalketten. Der aufgeblasene Wichtigmacher hat eine enorme Spannung im ganzen Körper und benutzt durch diesen Umstand *eckige Gesten.* Seine *Kopfhaltung* hat die Tendenz eines Torero und auch sein *Blick* ist etwas angespannt und überheblich. Der Mensch mit der aufrechten Körperhaltung hat eine *ausgewogenen Gestik,* sein Oberkörper ist dementsprechend ausdrucksstark und überzeugend. Seine *Mimik* ist offen und seine *Kopfhaltung* eventuell sogar etwas verständnisvoll schräg geneigt.

Exkurs: Das Reptiliengehirn

Wir alle fallen in stressigen Situationen gelegentlich mit steinzeitlichen Verhaltensweisen auf. In den meisten Fällen sind sie auf unser Reptilienhirn und die daraus entspringenden Handlungen zurückzuführen.

Wir alle kennen den Moment, wenn wir *zu spät* von zu Haus los gegangen sind, um uns z.B. mit einem Kunden oder einem Bekannten zu treffen. Auf einer der Hauptstraßen sollen wir uns einfädeln. Statt uns dem Reißverschluss-System unterzuordnen, fangen wir an, einen Autofahrer *mit Hut* fürchterlich und ohne Grund zu beschimpfen, der es gewagt hat, vor uns einzufädeln. Wir haben ihm eigentlich kein Verkehrsdelikt vorzuwerfen, außer dass er sich im *regulären* Straßentempo *vor* uns eingeordnet hat. Da wir es aber eilig haben, vielleicht aufgrund unseres schlechten Zeitmanagements, fangen wir an, uns zu ärgern. Wir würden unserem Vordermann, wenn wir könnten, am liebsten in seine verflixte Hutkrempe beißen.

Diese Stressreaktion entstammt unserem Reptilienhirn, der ältesten Gehirnregion, die wir besitzen, und die vorrangig für die Selbst- und Arterhaltung zuständig ist. Da dieses Gehirn auch bei Schlangen und Krokodilen noch in Reinform existiert, haben Wissenschaftler der Hirnregion diesen aparten Namen verpasst. Wissenschaftlich spricht man jedoch vom limbischen System. Das Reptilienhirn ist der Gegenspieler unseres Großhirns, unserer jüngsten Hirnregion, die für den Verstand und die „überdachten" Entscheidungen zuständig ist. Es steuert alle Handlungen, die besonders durchdacht werden müssen.

Wenn unser Reptilienhirn nun also der älteste Gehirnteil und das Großhirn das jüngste ist, bedeutet das, dass unsere Verstandesreaktionen bei weitem nicht so ausgeprägt sein können wie die emotionalen und spontanen Reaktionen des limbischen Systems. Das Reptilienhirn wurde schon ein paar Millionen Jahre lang sehr erfolgreich genutzt und es hat somit entscheidend zur Selbst- und Arterhaltung beigetragen. Einige Wissenschaftler behaupten sogar, dass mehr als 70 Prozent unserer unbewussten Reaktionen dieser Hirnregion entstammen. Das würde die These untermauern, die viele Frauen schon längst als Tatsache anerkennen: dass natürlich auch Männer zuweilen emotional handeln – und nicht nur rational.

Der männliche Ausspruch, den alle Frauen so zutiefst hassen: „Bleib mal sachlich, Schatz!", ist damit eine einzige Farce. Kein Mann kann 100-prozentig sachlich bleiben, sondern auch nur etwa 30-prozentig. Auch hier werden etwa 70 Prozent der Handlungen emotional aus dem Bauch heraus gemacht – besonders im Verkehr, auf der Reeperbahn und im Fußballstadion.

Auch wenn wir es manchmal gar nicht glauben können oder auch nicht glauben wollen: Unser Reptiliengehirn steuert eine Unmenge an Verhaltensreaktionen. Der moderne Mensch trägt dieses Gehirn immer noch im Kopf herum, denn seine Funktionen beschützen uns in Situationen, in denen es ums Überleben geht. So würden wir beispielsweise bei einem Vulkanausbruch handeln, ohne lange nachzudenken. In solchen Situationen geht es nur noch um eines: Rette deine Haut! (Panik).

Wie mir scheint, fördert das Reptilienhirn aber auch manchmal die Kampfeslust in uns. Dann blähen Männer und auch männliche

Frauen den Brustkorb auf, drehen die Handflächen nach hinten und schieben das Kinn nach vorne, wie bei einer ganz besonders mutigen Schildkröte: Signale der Kampfbereitschaft. Das Reptilienhirn schaltet dann auf *Grün* und entscheidet sich in diesem Fall für Kampf und Konfrontation. Typen mit einem intakten Reptilienhirn leben nach dem Prinzip „Freund oder Feind?", was man als Bild sehr schön an einigen Fußballspielern sehen kann. Das Freund- oder Feindbild stellt sich bei den Spielern im Allgemeinen schon beim Singen der Nationalhymne ein. In Spielen um die Weltmeisterschaft verstärkt es sich noch, denn bei diesen geht es natürlich um eine Menge.

Da kommt es schon gelegentlich vor, dass ein Fußballspieler mit einem roten Trikot einem Spieler im gelben Trikot kurz vor dem Strafraum mit Absicht ins Bein grätscht. Daraufhin verzieht der Gestürzte das Gesicht zu einer verächtlich wütenden Grimasse. Er steht auf und postiert sich schätzungsweise einen Zentimeter vor der Nase des Beingrätschers, bauscht dann den Oberkörper bis auf ein Maximum auf und attackiert den Brustkorb seines Gegners mit kurzen Stößen. Das Reptiliengehirn erwacht blitzartig aus seinem urzeitlichen Schlaf und ist in kurzer Zeit auf 180.

Bei einem Freundschaftsspiel geht man auch nach kleineren Rangeleien allerdings gerne noch gemeinsam einen „heben". Der eine oder andere Held greift dabei genüsslich in die Schale mit Nüssen, um dann einträglich miteinander nach Hause zu wanken.

Eine ähnliche Zeremonie kenne ich aus dem Affengehege von Hagenbecks Tierpark. Da toben Schimpansen über künstlich hergestellte Felsenlandschaften, attackieren sich gegenseitig, greifen genüsslich in die Schale mit Bananen, um sich dann kurz darauf freundschaftlich und genüsslich zu lausen. Dieser kleine Vergleich ist ein dezenter Hinweis auf die Tatsache, dass der Mensch vom Affen abstammt, und unser Gehirn sich nur zu schätzungsweise 10 Prozent von dem Gehirn eines Menschenaffen unterscheidet. Ups!

Solche Typen können auch ohne Fußball reptilienhirngesteuert sein – und sie können selbstverständlich auch weiblichen Geschlechts sein. Sie haben einen gesunden Menschenverstand, der ihnen erlaubt, sich auch in fremde und gefährliche Territorien zu begeben. Sie können sehr schnell erkennen, wer ihr Freund oder

Feind ist und welcher Handlungsbedarf gerade besteht – kämpfen oder fliehen. Frauen oder eher weibliche Männer bevorzugen in stressigen Momenten die Fluchtreaktion, was während eines Streits durch häufig zufallende Türen sichtbar und natürlich hörbar wird.

Dagegen gibt es noch die „*Kopffüßler*". Kopffüßler versuchen, das steinzeitliche Verhalten aus ihrem Verhaltensrepertoire zu verdrängen. Sie *wollen* diese ihrer Meinung nach „hässliche" Seite nicht in sich tragen. Sie setzen ihren Lebensschwerpunkt lieber auf die geistige Entwicklung, eben auf die Entwicklung des Verstandes. Allerdings vernachlässigen sie damit auch ihre intuitiven Reaktionen auf Feinde oder Freunde. Unsere Intuition schärft unsere Sinne für prekäre Situationen, in denen es angebrachter wäre, den anderen als Feind zu erkennen, als diesen unbedingt als Freund sehen zu *wollen*.

Das Manko dieser Verstandesmenschen ist, dass sie ihre Probleme mit den Feinden lieber eingehend ausdiskutieren und dabei den intuitiven Eindruck eines Menschen schnell und leichtfertig wegwischen: „Ach Liebling, ich weiß gar nicht, was du gegen den neuen Geschäftspartner hast. Ich finde, er sieht anständig aus. Du immer mit deinen Vorahnungen!"

Das Gehirn des Kopffüßlers schaltet also weder auf Flucht noch auf Kampf, sondern ins Nirwana, und dann heißt es eben: „Man kann doch alles sachlich ausdiskutieren!". Dadurch tappt er oft *kopffüßig* in eine Katastrophe. Er vertraut sich z.B. jemandem an und bemerkt nicht, dass er gerade über den Tisch gezogen wird. Wenn er es dann bemerkt hat, ist es schon zu spät – und der „Geschäftspartner" ist über alle Berge.

Solche *Kopffüßler* sind oft schmächtiger als ihr Pendant, da sie ihre volle Lebensenergie in die Zentrale schicken – in den Kopf.

Übung

Erkennen Sie sich streckenweise wieder? Kopfmenschen sind häufig sehr stark mit sich selbst beschäftigt, haben eine ausgeprägte Großhirn-Aktivität. Für sie ist es wichtig, wieder *mehr* auf körpersprachliche Signale zu schauen und sich mit der Zeit eine intuitive Menschenkenntnis anzueignen.

Für die reptilienhirngesteuerte Dumpfbacke ist es dagegen wichtig, in stressigen Situationen nicht sofort in das Feindbild zu verfallen und dem Großhirn etwas Zeit für die Entscheidung zu geben. Bezüglich unseres Beispiels im Straßenverkehr bedeutet dies: das nächste Mal *früher losfahren* und den armen Typ mit Hut nicht für die eigenen Unpässlichkeiten zur Verantwortung zu ziehen, auch wenn das Reptilienhirn auf Grün steht.

Also

Dieses steinzeitliche Thema von Freund oder Feind ist ein zentraler Punkt in unserem Leben, der sich auch heute noch in unserer Kommunikation bemerkbar macht. Wir sind Dumpfbacke und Kopffüßler in einem, und für eine gute Kommunikation es ist wichtig, zu bemerken, aus welchem Gehirn gerade die Befehle kommen.

Gewusst wie

Dieser Abschnitt ist für all diejenigen interessant, die sich in manchen Situationen nicht ausreichend durchsetzen können und sich nach verlorenen Verhandlungen sogar gelegentlich als „Loser" fühlen. Es geht mir hier aber auch um Authentizität und die Irrungen und Verwirrungen bezüglich dieser Eigenschaft.

Nehmen wir ein Kundengespräch oder auch ein Partnergespräch, in dem es z.B. um ein höheres Gehalt oder den gemeinsamen Urlaub geht. Der eine will nach Italien, der andere aber lieber nach Finnland. Nicht immer läuft es dann auf einen Kompromiss heraus. Meistens setzt sich einer von beiden durch, auch ohne schlüssige Argumente – und der andere gibt klein bei. Das passiert häufig, wenn ein sehr starker und ein eher schwacher Mensch aufeinander treffen, und wenn der Starke nichts von Gleichberechtigung hören will.

Ohne dass wir uns dieser Fähigkeit bewusst sind, können wir blitzschnell erkennen, ob unser Kommunikationspartner schwächer oder stärker ist als wir selbst. Wir stellen uns blitzschnell die Frage: Wer ist der Stärkere von uns beiden?

Blitzschnell haben wir dann auch die intuitive Antwort. In fast jeder Begegnung übernimmt das Reptilienhirn zunächst die Entscheidungsgewalt und schaltet gegebenenfalls auf Grün oder Rot. Grün bedeutet: Kampfansage. Rot bedeutet: „Den hab ich im Sack!"

Der Stärkere nimmt durch seinen Körper viel Territorium ein, hat eine aufrechte Körperhaltung und besitzt vor allem einen festen und direkten Blick. Der Schwache ist das genaue Gegenteil davon und kann uns vor allem gar nicht anschauen.

Hier taucht allerdings eine Problematik bezüglich der Authentizität auf. Schüchterne Typen werden sehr häufig in ihrer Stärke unterschätzt. Sie blicken einen oftmals nicht direkt an. Sie schämen sich, was aber nicht heißt, dass sie schwach sind, sondern sie *wirken* nur durch die zurückgenommene Körperhaltung so. Diese Typen *scheinen* schwach zu sein und geben den Stärkeren freiwillig das Zepter in die Hand. Das ist nicht besonders authentisch.

Denken Sie nur einmal an eine Verhandlungssituation: Der Zepterhalter spielt jetzt seine Stärke ordentlich aus und bemerkt mitten im Gespräch, dass sein Zepter weg ist. Es befindet sich in der Hand des Schüchternen. Diese Tatsache aktiviert nun das Reptilienhirn, und der „Betrogene" zieht die Boxhandschuhe an.

Betrogen? Er fühlt sich betrogen, weil es für Ihn *unerwartet* kam, dass ihm der vermeintlich Schwächere das Zepter aus der Hand nimmt, denn bei der ersten Begegnung wirkte er eher wie ein Losertyp. *Schüchterns*ein wird gerade von den starken Gewinnertypen oft mit *Loser-Sein* gleichgesetzt.

Wir Menschen brauchen immer einen Moment, um uns auf andere einzustellen. Das ist das Gewohnheitstier in uns, und das lässt uns gelegentlich aggressiv und angriffslustig reagieren, weil alles plötzlich anders kommt, als wir denken. Für den Zepterträger entstand durch dieses unauthentische Auftreten des Schüchternen ziemlicher Stress. Und Stress aktiviert das Reptilienhirn!

Für den Schüchternen ist es deshalb sehr wichtig, dass er seine Fachkompetenz nicht hinter einer schüchternen Fassade versteckt, sondern sie gleich zum Vorschein bringt, wenn es um die „Wurst“ geht. Haben Sie etwas zu sagen und wollen Sie, dass dies auch bemerkt wird, dann *zeigen Sie* Ihre Stärke auch in der *Körperhaltung*. Sie haben dann nicht das Problem, dass man sie über den Tisch ziehen möchte, weil man denkt Sie *seien* schwach.

Manchmal treffen allerdings auch ein Topf und ein Deckel aufeinander. Dann trifft ein starker Mann auf ein schwache Frau, die er beschützen möchte, und diese Frau wünscht sich nichts sehnlicher, als ihm diesen Wunsch auch zu gewähren. Es kann auch sein, dass ein schwacher Mann auf eine starke Frau trifft und dieser mit einem „Juchhu!“ unter ihre Fittiche schlüpft.

Trifft man aber auf einen ebenso starken Partner wie man es selbst ist, und ist man eher bereit, sich zu prügeln, als sich auf einen Kompromiss einzulassen, dann entwickeln sich hier kleine Grabenkämpfe. In denen geht es dann nur darum, die Oberhand zu gewinnen. Ob es dann um Gehaltserhöhungen geht oder um ein Essen beim Italiener um die Ecke contra dem Spanier, der nur mit dem Auto zu erreichen ist: überall wird gekämpft. Anstrengend, aber interessant!

Es gibt Menschen, die lechzen regelrecht nach so aufregenden Zuständen wie diesen. Andere wiederum lieben Einigkeit und Harmonie und haben kaum Interesse an Grabenkämpfen und ihren Auswirkungen.

Was wir am Beispiel des Ehepartners anschauten, das gilt auch in gleichem Maße für den Geschäftspartner. Auch hier sieht man schnell, wer der Stärkere ist, und auch hier wird dieses Wissen zu den eigenen Gunsten genutzt.

Tipp
Treten Sie von *vornherein* selbstbewusst auf, sodass der andere gar nicht erst in die Versuchung kommt, Sie über den Tisch zu ziehen. Gehören Sie dann irgendwann einmal zu den *Starken*, passen Sie auf Ihr Reptil und die grüne Ampel auf. Die Gewinner- und Verliererstrategie lohnt sich *nicht* für Verhandlungen, die *auf Dauer* ausgelegt sind. Es sind gelegentliche Punktsiege, mehr nicht.

Wenn Sie als bisheriger „Loser“ diesem angeblich so Starken von vornherein zeigen, dass Sie ebenso stark sind wie dieser – erst einmal körpersprachlich, später dann auch sprachlich –, wird er gar nicht erst nach dem Zepter greifen. Dann hat Win-Win eine reelle Chance, und Sie werden eine gerechte, wenn vielleicht auch langwierige Verhandlungssituation erleben. Gleich starke Verhandlungspartner haben beide ihre Ansprüche, die sie auch verwirklichen wollen und können. Haben wir einen starken und einen schwachen Verhandlungspartner, ist meist sehr schnell entschieden, wer gewinnt. Es sei denn, die beiden passen zusammen wie Topf und Deckel, dann ist auch diese Situation eine Win-Win-Situation.

Diese Ausführungen hören sich für manch einen an, als ob wir modernen Menschen uns nicht vernünftig einigen könnten. Das können wir, aber nur, wenn wir uns gegenseitig akzeptieren. Dazu gehört auch, zu wissen, wen wir vor uns haben. Jeder hat andere *Spielregeln*, und es geht um die Fähigkeit, diese zu *erkennen*.

4. Element, Donnerstag

Sessel, Hocker oder Schleudersitz – Die Sitzarten

Die Art und Weise, wie wir auf einem Stuhl sitzen, hängt ebenso wie die Bewegungsdynamik, der Stand und die Oberkörperhaltung mit unserem persönlichen Anspruch auf ein Stückchen Erde – dem Territorialanspruch – zusammen.

Menschen haben eine Vorliebe oder eine Abneigung für den schnöden, verschnörkelten, rollenden, hohen, tiefen, breiten, schmalen und thronähnlichen Stuhl. Es gibt bequeme, unbequeme, praktische und weniger praktische Stühle – und für jeden diese Stühle einen Liebhaber.

Der oberste Chef eines angesehenen Unternehmens legt wert auf Status, Bequemlichkeit und Größe, und hat eine individuelle Vorliebe für „fette" oder gediegene Sessel. Er wird sich sicherlich nicht mit einem Hocker begnügen wollen. Der einfache Mitarbeiter des Oberbosses erhält einen wenn möglich unbequemen und schnöden Stuhl, am besten in Grau, der ihn zwischenzeitlich auf die Tatsache hinweisen soll, dass das Leben kein Zuckerschlecken ist und dass sich diese Stühle in Schleudersitze verwandeln können. Der junge Existenzgründer aus der Hype-Szene hat wahrscheinlich einen originellen, „spacigen" Stuhl.

Klar ist, dass wir auf unterschiedlichen Stühlen auch unterschiedlich sitzen, und ein jeder hat auch eine Vorliebe für eine bestimme Sitzart. Die Auswahl des Stuhls verweist also auf diese Vorliebe. Auf einem Sessel kann man nunmal nur gemütlich und auf einem Holzstuhl nur steif sitzen. Auf dem „spacigen" 60er-Jahre-Stuhl hat man ein „hippes" Lebensgefühl – selbst, wenn er unbequem ist.

Von steif wie'n Stock bis lässig cool – Unterschiedliche Sitzarten

So unterschiedlich, wie sich die „Stuhlpsychologie" offenbart, zeigt sich auch die menschliche Psyche, wenn es darum geht, wie man auf einem Stuhl sitzen kann. Insgesamt stelle ich Ihnen drei Möglichkeiten vor. Diese drei Möglichkeiten sind noch einmal in drei Varianten unterteilt, welche uns unauffällige, aber auch sehr auffällige Sitzarten zeigen. Berufliche Meetings oder Elternabende in der Schule, die in einem Stuhlkreis stattfinden, sind somit sensationell aufschlussreich. Bei näherer Beschäftigung finden Sie sicherlich heraus, welche Vorliebe Sie persönlich für eine bestimmte Sitzart haben.

1. Der „Eigentlich-will-ich-gar-nicht-stören"-Sitz: schmal sitzend, auf der Kante, am Stuhl festklammernd.
2. Der „Weg-da-jetzt-komm ich" -Sitz: breit sitzend, lang machend, Arme hinter dem Kopf verschränkt.
3. Der „My-home-is-my-castle"-Sitz. überkreuzt sitzend, Barriere, verknotet.

Der „Eigentlich-will-ich-gar-nicht-stören" -Sitz

Lydia ist erst seit kurzem im Unternehmen. Sie fühlt sich in Meetings von den anwesenden Kollegen immer noch sehr beobachtet. Sie soll auf eine Führungsposition vorbereitet werden und wird von ihren Kollegen dementsprechend beäugt. Lydia hat mehrere Möglichkeiten, sich im Meeting hinzusetzen.

Schmal sitzend

Lydia nimmt mit ihrem Popo die *gesamte* Sitzfläche des Stuhls ein, lehnt sich aber nicht hinten an die Rückenlehne an. Das bedeutet zunächst nur, dass sie nicht den Platz einnimmt, der ihr zur Verfügung steht. Dieser Eindruck wird dadurch verstärkt, dass sie ihre Beine parallel nebeneinander auf der Erde stehen hat – wie ein aufmerksames Schulmädchen. Ihre beiden Knie berühren sich merklich, ebenso die Füße. Ihre Hände ruhen locker im Schoß. Ihr Blick ist durch die ständige Beobachtungssituation etwas verunsichert und sie schafft es nicht, ruhig in die Runde zu blicken. Durch diese Signalkette erhält unsere zweite Figur in diesem Szenario, Toddy, einen ersten Eindruck von Lydia. Er soll sie in ihre neue Position einarbeiten.

Lydia ist ein sehr fleißiger Mensch, kann allerdings nicht besonders konzentriert arbeiten, wenn man ihr auf die Finger schaut – so wie im Meeting. Das verunsichert sie, obwohl sie sonst genau weiß, was sie will. Diese Unsicherheit wird dann durch Lydias Körpersprache sichtbar. Ein innerer Zustand des Unwohlseins wird über die Körpersprache sichtbar, in diesem Fall sitationsgebunden. Später wird Lydia nicht mehr so verunsichert im Meeting sitzen, da dies dann schon eine gewohnte Situation ist. Ihre Körperhaltung wird eine gewisse Sicherheit ausstrahlen und sie wird sich sicherlich auf die gesamte Stuhlfläche ihres Stuhls setzen.

Exkurs: Mehr Schein als Sein

Würde sie sich selbstsicherer hinsetzen, z.B. mit übereinander geschlagenen Beinen, und bequem an die Rückenlehne angelehnt, vielleicht sogar den rechten Arm auf die Stuhllehne gestützt, sodass dieser nach außen zeigt, dann könnte Lydia ihre Unsicherheit damit *überspielen* und man würde ihr *nichts* an Unsicherheiten ansehen.

Toddy wäre sofort und ohne Zweifel von Lydia überzeugt. Der Nachteil dabei ist, dass Toddy unsere Lydia vielleicht als sehr selbstbewusst und „taff" empfinden würde. Bezüglich der Aufgabenverteilung würde Toddy Lydia dann vielleicht schnell überfordern: „Ach, die Lydia kann das schon!" Irgendwann würde sie dann unter der Last der Arbeit zusammenbrechen, und alle würden sagen: „Das konnte keiner voraussehen!".

Lydia würde dann das Unternehmen wieder verlassen, weil sie sich überfordert fühlen würde, und weil sie unter einem enormen Druck steht, dem sie nichts als den guten Willen, ein gute Mitarbeiterin zu sein, entgegenzusetzen hat. Keiner kann diese Entwicklung voraussehen, da sie ja ihre Unsicherheit überspielt – und das nicht nur in Meetings.

Das ist ein typisches Beispiel, wie sich Menschen selbst überfordern, ohne die Überforderung zu zeigen. Bei einem Turbo-Manager heißt es dann: „Plötzlich und unerwartet aus dem Leben geschieden."

Den ersten Eindruck, den Toddy aufgrund ihrer schmalen Sitzweise von Lydia hat, ist der eines schüchternen und etwas *zu* braven Menschen. Er fragt sich, ob Lydia sich in kritischen Situationen durchsetzen kann, denn durch diesen ersten Eindruck hat Toddy nicht das Gefühl, dass sie sich den Platz nimmt, den sie für ihre Arbeit benötigt. Risikobereitschaft kann er auf jeden Fall nicht erkennen, doch das wäre in Lydias zukünftiger Position von großem Wert für das Unternehmen.

Im Laufe der nächsten Woche bemerkt Toddy, dass Lydia eine hervorragende Strategin ist, wenn es um das Organisieren und Anleiten geht. Wäre er nach dem ersten Eindruck gegangen und wäre er auch noch scharf auf ihren Posten gewesen, hätte Lydia keine Chance gehabt.

Diese Situation zeigt uns, dass Körpersprache zwar ein verlässliches Medium ist, um Menschen schnell und sicher zu beurteilen. Sie zeigt aber auch, dass man das immer von Situation zu Situation unterscheiden muss. Wenn sich ein Mensch unsicher fühlt, ist diese Unsicherheit häufig nur auf die spezielle Situation zu beziehen und nicht auf die Persönlichkeit an sich. Sitzt unsere Lydia aber in *jedem* Meeting in dieser Art und Weise und merkt Toddy auch an anderen Handlungen, dass die Lebens*un*sicherheiten die Lebenssicherheiten übertönen, dann ist es vielleicht doch besser, sie erst nächstes Jahr zum Chef einer Abteilung zu machen.

Auf der Kante

Lydia wird zu Ihrem Oberboss gerufen und setzt sich ihm gegenüber an seinen Schreibtisch. Sie sitzt mit ihrem Popo nur auf der Stuhlkante und hält sich zeitweise an der Stuhllehne fest. In dieser Sitzposition erhält ihr Auftritt eine sehr *devote* Note, so als wenn sie zum Chef „zitiert" worden wäre. „Stets zu Ihren Diensten, Boss – was kann ich für Sie tun?"

Auf der anderen Seite kann diese Sitzart aber auch eine hohe Aufmerksamkeit widerspiegeln – aber nur dann, wenn der Mensch auch durch seine übrige Ausstrahlung Souveränität vermittelt. Aufmerksamer, wacher und offener Blick, aufgerichteter Oberkörper und locker nebeneinander stehende Beine zeugen davon. So als ob man hoch motiviert darauf wartet, endlich aufstehen zu können, um alle wichtigen Aufgaben, die man gerade vom Chef erhalten hat, zu erledigen.

Auf der Stuhlkante zu sitzen bedeutet zum einen, sich mental wenig Platz zu nehmen, und zum anderen, sich aus Zeitmangel nur die *Kante* zu genehmigen. Sehr quirlige Menschen benutzen oft nur die Stuhlkante zum Sitzen, da sie sich keine Zeit zum Sitzen nehmen wollen. Kommt Toddy allerdings mit dem Ausspruch in Lydias Büro: „Wollte mal *kurz* was mit dir bereden", und setzt sich dick und breit auf den Besucherstuhl, dann kann Lydia davon ausgehen, dass der Besuch nicht *mal kurz* ist, sondern eher *mal lang*.

Am Stuhl festklammernd

Ein Typ, der seine Beine und Füße um die Stuhlbeine herumgewickelt hat, während er beim Boss sitzt, sucht Sicherheiten. Er könnte denken: „Oh je, das Gespräch ist unangenehm, ich glaube ich docke mich mal ordentlich am Stuhl fest. Dann kann mich mein Boss auch nicht wegfegen." Sicherheiten sind für diese Typen sehr wichtig.

Manche Menschen finden diese Sitzart aber auch einfach nur bequem – auch diese Möglichkeit muss man immer betrachten. Was manche als *bequem* bezeichnen, ist für andere eher abenteuerlich.

Also

Grundsätzlich gilt: Wer wenig Platz auf seinem Stuhl einnimmt, nimmt auch wenig Territorium ein. Hier passiert es leicht, dass wir als zurückhaltend und schüchtern eingeschätzt werden. Ob wir selbst zur Spezies der Oberbosse gehören, ist eine interessante Frage, die wir uns daraufhin einmal stellen können. Aber nicht vergessen: Wenn Sie so sitzen, kann es auch sein, dass Sie sich zu wenig Zeit für das Sitzen nehmen.

Der „Weg-da-jetzt-komm-ich" -Sitz:

Statt Lydia nehmen wir diesmal *Toddy* im Meeting in Augenschein.

Breit sitzend

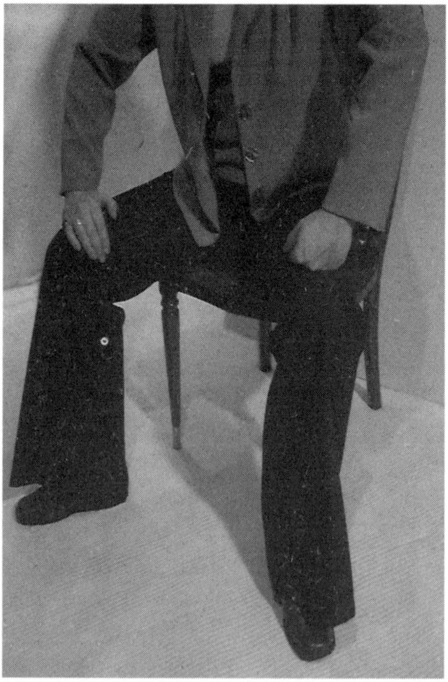

Er sitzt mit seinem Po auf der gesamte Stuhlfläche. Er hat seine Füße weit auseinander gestellt und seine Fußspitzen schauen dabei nach außen. Sein linker Ellenbogen ruht auf der Stuhllehne, während die dazugehörige Hand cool herunterhängt. Die rechte Hand umfasst die Stuhllehne von innen, sodass der Ellenbogen nach außen zeigt, wodurch sich der Oberkörper leicht nach vorne neigt. Er blickt gelassen in die Runde und bestätigt gelegentlich durch Kopfnicken eine interessante Aussage seiner Kollegen.

Da Toddy schon lange im Unternehmen beschäftigt ist, wirkt sein wandernder Blick sicher, ruhig und gelassen. Auf Lydia macht das einen souveränen und starken Eindruck, wobei sie aber auch eine gewisse Ungeduldigkeit bemerkt. Denn Toddys Oberkörper ist nach vorne geneigt, was den Eindruck vermittelt, dass er gleich aufstehen möchte.

Langmachen

Auch so hätte Toddy sitzen können: Sein Oberkörper liegt der Länge nach auf der Stuhllehne und der Sitzoberfläche, so als wollte er vom Stuhl herunterrutschen. Seine Füße sind lang vor ihm ausgestreckt. In dieser Sitzposition nimmt er das größtmögliche Territorium für sich ein. Ein richtig toller Hecht.

"Pah", werden jetzt einige Männer sagen, „das ist doch einfach nur bequem und entspannend!" Ja, das ist schon richtig. Nur sind wir gerade bei der Frage, wie es auf andere Menschen wirkt. Eben wie ein toller (aber gelangweilter) Hecht!

Arme hinter dem Kopf verschränken

Zusätzlich kann er die Arme hinter dem Kopf verschränken. Auf Lydia wirkt das *noch* selbstbewusster, allerdings liegt in dieser Sitzposition die erhöhte Gefahr, arrogant zu wirken. Toddy kann aller Welt, zumindest aber den Meetingteilnehmern, zeigen, dass er sich nicht den allgemeinen Sitzgepflogenheiten dieses Unternehmens anpassen muss. Er ist schon *fast* ein Oberboss, und Oberbosse benutzen diese Sitzhaltung gern als kleine Machtdemonstration. So besetzt er extrem viel Territorium.

Was noch entscheidend hinzu kommt, ist die Frage der Verletzbarkeit. Wenn Toddy so „breit" sitzt, zeigt er damit, dass er es sich erlauben kann, ungeschützt herumzulümmeln. Er benötigt keinen Schutz vor seinem Körper, obwohl er so physisch absolut verletzbar ist. Etwaige „Feinde" werden ihn aber nicht angreifen, weil er durch diese Sitzart seine Stärke signalisiert.

Toddy zeigt mit dieser Sitzposition auch eine gewisse Coolness, die nicht in jeder Situation unbedingt angebracht ist. Es könnte sein, dass sein Unternehmen beispielsweise gerade von einer Kündigungswelle gebeutelt wird. In so einer „unschönen" Situation *so* cool zu sitzen, kann von anderen als Überheblichkeit und unangebrachte Geringschätzung der momentanen Lage gewertet werden: „Wohl den Ernst der Lage nicht erkannt, was?" Und somit ist diese Sitzart völlig fehl am Platz.

Also

Grundsätzlich gilt: Wer sich auf seinem Stuhl sehr breit macht, nimmt mehr Territorium ein, als wenn man sich darauf schmal macht. Er wirkt selbstbewusster. Allerdings – und das müssen Sie wissen – schwingt das Damokles-Schwert der Arroganz in diese Sitzposition mit hinein.

Der „My-home-is-my-castle" -Sitz:

Lydia hat natürlich nicht das gesamte Meeting in nur einer Sitzposition zugebracht, sondern sie hat irgendwann die Lieblingsstellung aller unserer Zeitgenossen eingenommen, die so schön unverfänglich und neutral erscheint.

Überkreuzt sitzen

Beim *überkreuzten* Sitzen schlagen wir das eine Bein über das andere. Die meisten Menschen nehmen diese Sitzhaltung ein, um *einfach nur* zu sitzen. Allerdings nur, wenn es sich um Zeitgenossen handelt, die die Oberschenkel rein anatomisch auch übereinander bekommen. Etwas beleibtere Menschen können nämlich nicht so sitzen. Das eine Bein kann sich nicht auf dem anderen Bein halten, es rutscht herunter. Deswegen haben beleibtere Menschen meistens ihre Füße locker auf der Erde stehen. Das wirkt auf einige von uns etwas ungrazil und tumb. Hier ist es aber wieder sehr entscheidend, ob sich auch im Gesicht eine gewisse Tumbheit oder aber eine Aufmerksamkeit zeigt.

Also, *Vorsicht* mit den *einzelnen* Signalen!

Trotz der Unverfänglichkeit dieser überkreuzten Sitzart steckt hier ein äußerst interessanter Punkt verborgen: Stellen Sie sich einen Obdachlosen, einen Berber vor. Die meisten Berber duschen eher selten und trinken gerne einen über den Durst. Nun sitzen Sie in der U-Bahn und unser Obdachloser setzt sich „sehr zu Ihrer Freude" *rechts* neben Sie. Ihr *linkes* Bein war bisher über Ihr *rechtes* Bein geschlagen, sodass der Innenschenkel des *linken* Beins zu dem etwas unangenehm riechenden Berber zeigte. Er sitzt also rechts von Ihnen.

Ich wette mit Ihnen, wenn Sie nicht gerade ein ausgesprochen „dickes Fell" besitzen, dass Sie nach einem kurzen Moment – oder auch sofort – das *rechte* Bein über das *linke* schlagen werden. Auch der Oberkörper macht dann eine kaum merkliche Drehung von rechts nach links, womit Sie sich schließlich von ihm abwenden.

Das soll jetzt natürlich nicht heißen, dass alle diejenigen im Meeting, die Ihnen den Außenschenkel zeigen, nichts von Ihnen wissen wollen. Trotzdem können Sie selbst überprüfen, wann, bei wem und in welcher Situation Sie jemandem den *Innen-* oder den *Außen*schenkel zuwenden; eben die *weiche* oder die *harte* Seite. Das ist hoch interessant, denn oft mögen wir jemanden intuitiv nicht sehr, und das spiegelt sich in der entsprechenden Sitzhaltung wieder.

Die *Kopffüßler* mögen sich dann sagen: „Ich habe überhaupt keinen Grund, ihn *nicht* zu mögen, denn ich kenne diese Person nicht." Das *Reptilienhirn* sieht das jedoch oft anders! Es entscheidet im ersten Moment über Freund oder Feind, anders als das Großhirn, der Verstand.

Exkurs: Weiche Seite – Harte Seite

Unsere Körperoberfläche ist an unterschiedlichen Stellen mit unterschiedlichen Profilen ausgestattet. Ein Auto kann mit profilstarken Winterreifen aber auch mit Sommerreifen fahren, die sich durch ein feineres Profil auszeichnen. Auch wir Menschen fahren mit unterschiedlichen Profilen durchs Leben. Im Sommer öffnen sich die Poren und lassen Licht und Wärme in unseren Organismus. Wir lassen die Hüllen fallen und die Hautoberfläche verändert sich. Im Winter wird unser Profil ein wenig rauer und die Poren ziehen sich zusammen, damit die Kälte uns nichts anhaben kann. Wir setzen Speck an und ziehen uns dicke Pullover über. Wir fahren also auch mit unterschiedlichen Profilen durch die Jahreszeiten.

Diese Profile haben sogar einen Einfluss auf unser Lebensgefühl. Südländer sind aus ihrem Temperament heraus oft sehr viel aufgeschlossener und kommunikationsbereiter als Nordeuropäer. Die Italiener z.B. haben eine blumige Gestik und meist eine offene Körperhaltung. Das hat auch etwas mit der Wärme in Italien zu tun. Auf Plätzen und Cafés, die sich unter freiem Himmel befinden, wird beguckt und geschaut, geschnattert und erzählt. So hat jeder Landstrich seine unterschiedlichen Vorzüge, auch der Norden. Dort haben die Menschen im Allgemeinen das größere Distanzbedürfnis, was sich in einer größeren Distanzzone widerspiegelt als bei den Menschen im Süden.

Wenden wir uns wieder unseren Profilen, unserer „weichen" und „harten" Seite zu. Wir haben überall am Körper eine weiche und offene Seite sowie eine harte und geschlossene Körperseite. Die offene Seite zeigen wir, wenn wir Vertrauen zu anderen Menschen aufbauen können und wollen. Ein gutes, sichtbares Beispiel dafür sind auch Politiker. Sie öffnen ihre Vorderfront und spreizen die Arme so weit auseinander, als wollten sie die ganze Wählerschaft auf einmal umarmen – außer bei peinlichen Fragen!

Die geschlossene Seite zeigen wir wiederum *den* Mitmenschen, vor denen wir uns zurückziehen wollen. Die so genannte „kalte Schulter“ ist dafür ein Beispiel.

Weiche Seite

- Gesicht
- Hals
- Brust
- Innenarm
- Handflächen
- Bauch
- Genitalien
- Innenschenkel
- Kniekehle
- Fußsohle

Harte Seite

- Hinterkopf
- Nacken
- Schultern
- Außenarm, Ellenbogen
- Handrücken
- Rücken
- Po
- Außenschenkel
- Knie
- Fußspann

In Hamburg an der Elbe gibt es einen besonderen Spazierweg. An dieser Stelle kann man sehr gut beobachten, welche Angwohnheiten die Spaziergänger bezüglich der weichen oder harten Seite haben, ob sie großzügig ihre weiche Seite zeigen oder sie eher sparsam einsetzen. Wenn jemand in der Kommunikation seine weiche Seite zeigt, wirkt er offen und zugewandt. Politiker nutzen dieses Wissen.

Zeigt man dagegen des Öfteren die harte Seite, wirkt man verschlossen und abgewandt.

Diese besagte Stelle an der Elbe befindet sich also zwischen einer Flutmauer und Weidenbüschen. Dahinter befinden sich wiederum die dicken Elbsteine, der Elbsand und schließlich das nicht ganz saubere Elbwasser. Diese Stelle ist so schmal, dass zwei Menschen mit frontaler Oberkörperhaltung nicht aneinander vorbeikönnen, sondern sich dafür leicht seitlich drehen müssen. Ab und zu kommt es vor – aber das ist nicht die Regel –, dass einer der beiden Menschen dem anderen den Vortritt gewährt. Das bezeichne ich als die Gentleman-Methode. Da diese Gentlemen aber mittlerweile fossile Überbleibsel aus einer anderen Zeit sind, ist diese Variante eher selten zu beobachten. Die meisten drängeln sich also an einander vorbei.

Das Interessante dabei ist, ob Menschen an dieser schmalen Stelle dem anderen Spaziergänger die Vorderseite, also die weiche Seite, oder aber die Hinterseite, die harte Seite, zeigen. Sind sie dem Fremden gegenüber aufgeschlossen und haben keine Angst vor ihm? Oder sind sie der Begegnung gegenüber verschlossen, abgewendet und ängstlich? Angst steht mit diesem Thema in Verbindung. Nur wenn wir aus irgendeinem Grund ängstlich sind, haben wir einen Grund uns zu schützen. Denken Sie noch einmal an die vor der Brust verschränkten Arme.

Übung

Die Eingangspforte Ihres Unternehmens oder die der Bäckerei von nebenan ist eine ähnlich frequentierte Stelle wie die an der Elbe. Dort ist meistens auch zu wenig Platz, um zu zweit durch die Tür zu gehen. Durch diesen Umstand ist das der ideale Trainingsort für Sie. Beobachten Sie sich einmal selbst. Wie stehen Sie Ihren Mitmenschen gegenüber?

Eine gute Trainingschance bietet Ihnen auch das Kino. Zeigen Sie den Mitbesuchern die harte oder die weiche Seite, wenn Sie sich an den bereits Sitzenden vorbeizwängen? Den Po oder die Brust?

„Ha", sagen dann viele, „natürlich zeigt man den Mitsitzern die Vorderseite. Den Po zu zeigen wäre ja ganz schön unhöflich." Aber manchmal hört man dann trotzdem diese zarte, leise flüsternde Stimme aus dem Off: „Natürlich den Po, ansonsten bin ich doch zu verletzbar!" Manche Typen haben das Bedürfnis, ihre weiche Seite in dieser Situation zu schützen.

Sie merken, dass diese zwei Menschentypen nicht unterschiedlicher sein *können* und somit auch unterschiedlich reagieren müssen. Diejenigen, die ihre Vorderseite zeigen, müssen aber nicht zwingend aufgeschlossen oder furchtlos sein. Es besteht auch die Möglichkeit, dass sie misstrauisch sind. Sie trauen keinem Fremden über den Weg und wollen den anderen deswegen im Visier behalten.

Auch Lydia würde im Kino auf keinen Fall an einer halben Fußballmannschaft vorbeigehen, indem sie den Po zu den Fußballern dreht. Never ever!

Beobachten Sie im Kino auch einmal, welchem Sitznachbarn – rechts oder links von Ihnen – Sie beim Sitzen mit überkreuzten Beinen spontan Ihre weiche Seite zudrehen. Erkennen Sie, warum?

Barrieren

Beine kann man nicht nur an den Oberschenkeln kreuzen, sondern auch so, dass man z.B. den rechten Fuß auf das linke Knie legt. Dann entsteht eine Barriere vor einem selbst – aber auch vor anderen. Das ist eine sehr kernige Art zu sitzen und hat nur in seltenen Fällen mit Abgrenzung zu tun.

In manchen Unternehmen wird diese Sitzart streng geahndet, in anderen wird sie vielleicht gar nicht erst bemerkt. In allen „handfesten" und tätigen Berufen – wie den Handwerksberufen – ist diese Sitzposition schon fast ein Muss. In den serviceorientierteren Branchen wie Gastronomie oder Bankwesen ist diese Haltung verpönt. Sie wirkt zu cool und zu lässig. Ein Steward in einem Flugzeug darf z.B. auf keinen Fall so sitzen, denn das würde für einen Flugbegleiter zu lässig aussehen. Zieht aber beispielweise ein schweres Unwetter auf und die Passagiere werden unruhig, kann es sein, dass sich der ein oder andere Fluggast durch so eine Haltung

beruhigt fühlt. Der Steward vermittelt dem Fluggast durch diese Haltung: „Wir befinden uns in einer absolut sicheren Lage. So ein Unwetter erleben wir häufiger in unserem Job. Bisher ist nie etwas passiert! Also, keep cool!“ Durch diese Sitzposition besetzt der Steward ein breites Territorium, was auf viele Menschen selbstsicher wirkt.

Besonders Frauen wirken durch diese Sitzart sehr selbstbewusst. Dies ist zum einen der Fall, weil sie sich „breit“ machen, also viel Territorium einnehmen, und zum anderen, weil sie sich damit über gesellschaftliche Regeln hinwegsetzen. Denn: Frauen sitzen normalerweise nicht so da. Sie sieht man immer noch eher in der labilen als in der stabilen Körperhaltung, wie wir bei den Standarten schon gesehen haben. Eine Barriere vor sich zu haben, wirkt aber stabil.

Verknotet

Eine andere Möglichkeit, die eigenen Beine zu überkreuzen, ist die, seine angewinkelten Beine an den Fußknöcheln übereinander zu schlagen, sozusagen unter dem Stuhl zu überkreuzen. Das wirkt recht gemütlich und auch nicht abweisend. Eine extreme Überkreuzung ist es allerdings, wenn Menschen, meist Frauen, die Oberschenkel nicht nur einmal überkreuzen, sondern noch ein weiteres mal an der Wade. Da wird der eine Fuß noch hinter die Wade des anderen Beines geklemmt. Die meisten menschlichen Wesen können gar nicht so sitzen, außer z.B. Frau Christiansen vom ARD-Fernsehen. Um so zu sitzen, müssen wir sehr zarte Beine haben und auch sehr gelenkig sein. Zu guter Letzt muss man das auch noch gemütlich finden, und das ist bei nur wenigen der Fall. Die, die es aber gemütlich finden, wirken auf uns schon ein wenig verklemmt. Eben verknotet.

Was bedeutet eigentlich eine Körperkreuzung?

Exkurs: Körperkreuzungen

Grundsätzlich gilt, dass Körperkreuzungen eine Schutzfunktion ausüben, um den eigenen Körper vor äußeren Einwirkungen zu schützen. Stellen Sie sich vor, es gewittert, donnert und kracht; am Himmel ist die Hölle los. Wenn es besonders laut kracht, halten wir uns die Ohren zu, und wenn es dann besonders nass wird, machen wir uns ein Dach aus Armen über dem Kopf. Eine Verschränkung entsteht.

Offenbart sich so ein Gewitter aber in Form von Worten (von Eltern, Ehepartnern oder Kollegen), kann es auch durchaus sein, dass wir uns die Ohren zuhalten. Natürlich nicht körperlich, sondern im übertragenen Sinne. Droht also ein sprachliches Gewitter, hart vor Backbord aus der Küche, kann es durchaus sein, dass unsere Arme sich wie in einer Schutzgeste vor dem Körper verschränken.

Achten Sie beim nächsten Streit auf Ihre Arme. Wetten, dass diese sich bei bestimmt 80 Prozent der Menschen vor der Brust verschränken? Die restlichen 20 Prozent haben wahrscheinlich schon einmal ein Konflikt-Vermeidungsstrategien-Seminar besucht!

An dieser Stelle soll mit einem schon lange existierenden Irrtum aufgeräumt werden: Menschen, die ihre Arme vor der Brust verschränken, sind nicht immer gegen Sie. Viele Menschen empfinden diese Haltung bei sich selbst als neutral, ja sogar, als bequem. „Frostbeulen" verschränken besonders gerne die Arme, weil sie sich vor Kälte *schützen* wollen. Es gibt auch eine Art seelischer Kälte. Wenn diese uns befällt, verschränken wir die Arme vor der Brust.

Sie sehen, dass das Verschränken immer eine Schutzfunktion ausdrückt. Die Frage ist nur: Wovor will man sich gerade schützen? Nehmen Sie es nicht zu persönlich, wenn jemand in einem Gespräch seine Arme verschränkt. Denken Sie auch wieder daran: Sie benötigen *mehr* als nur ein kleines Signal, um sich eine Meinung von dem Verhalten des anderen zu machen.

Eine Signalkette, die wirklich Abwehr anzeigt, kann sein: vor der Brust *verschränkte Arme*, nach hinten gezogener und leicht *erhobe-*

ner Kopf, und der gesamte *Körperschwerpunkt liegt hinten auf dem Standbein.*

Übung

Setzen Sie sich auf die gesamte Stuhlfläche und machen Sie sich mit allem, was Ihnen zur Verfügung steht, breit. Seien Sie mal ein richtiger Oberboss. Stellen Sie Ihre Beine breit auseinander auf die Erde. Wie fühlt sich das an? Oder machen Sie Ihre Beine lang und verschränken Sie Ihre Arme hinter dem Kopf. Schaffen Sie vor sich eine Barriere.

Dann setzen Sie sich einmal auf die Stuhlkante und machen sich so schmal wie möglich. Stellen Sie Ihre Füße ganz schmal nebeneinander oder verknoten Sie Ihre Beine oder halten Sie sich mit diesen an den Stuhlbeinen fest. Wie fühlt sich der Unterschied an? Schlagen Sie ihre Beine nun locker übereinander und achten Sie in der nächsten Konversation darauf, in welche Richtung die offene und die geschlossene Seite zeigen.

Prüfen Sie alle drei Sitzarten mit ihren Variationen auf die Frage hin: Fühlt sich das schmal oder breit an? Sie werden schnell Ihre bevorzugte Sitzart herausfinden und dadurch einen Hauch von Wahrheit erahnen können, wie Ihre Wirkung auf andere Menschen, vor allem auf neue Begegnungen, ist.

Also

Ein Chef oder Anführer muss sich vor seinen Mitarbeitern breit machen, um eine gewisse Autorität auszustrahlen. Das muss aber nicht heißen, dass er ein Ungeheuer ist. Er nimmt sich nur das größtmögliche Territorium.

Die Menschen, die sich eher mit weniger Territorium zufrieden geben, sind weniger machtorientiert und haben es entweder nicht nötig, dem anderen zu zeigen, wie viel Platz er sich nehmen kann, oder sie fühlen sich so einfach wohl. Solche Menschen gehören nicht zu den „Bossen" der Gesellschaft, denn die müssen ja ihre Dominanz zeigen, damit sie auch wirken kann. Doch Einfluss kann man auch auf anderen Wegen ausüben, als durch Machtgehabe. Wenn es Ihnen schwer fällt, Autorität auszustrahlen, sollten Sie andere Wege finden, Ihre Kompetenz einzubringen.

Auch hier gilt wieder der Hinweis: Bei den beobachteten körpersprachlichen Merkmalen geht es um Vorlieben und Parallelen zwischen den einzelnen Elementen. Suchen Sie Parallelen. Gehen Sie mit kleinen Schritten, stehen Sie auf einem kleinen „Standpunkt" und sitzen Sie nur auf einem halben Stuhl? Das stellt einen Zusammenhang dar, der für Sie selbst, aber auch für andere sehr aussagekräftig ist.

Gesellschaftliches Sitzen der Geschlechter

Sicherlich haben Sie sich bei der einen oder anderen hier beschriebenen Sitzposition gedacht: „So sitzen aber nur Männer" oder eben „So sitzen doch nur Frauen" (Foto S. 127).

Im europäischen Kulturraum geht es schon sehr frei zu, was das männliche und weibliche Verhalten anbelangt. Das kann man von vielen anderen Ländern der Welt noch nicht behaupten. Dort gibt es noch eine Vielzahl von staatlich geregelten und ungeschriebenen Gesetzen, die vorschreiben, wie sich eine Frau oder ein Mann in der Gesellschaft verhalten soll – ob der Mann nun drei Schritte vor der Frau geht oder die Frau einen Schleier tragen muss. Doch auch in unserem europäischen Kulturraum finden wir einige Sitzarten, die speziell einem Geschlecht zugeschrieben werden, und bei denen es auffallend wirkt, wenn jemand diese ungeschriebenen Gesetze missachtet.

Das ist z.B. der Fall, wenn Frauen breitbeinig sitzen. Frauen haben bis vor einem Jahrhundert nur Kleider getragen und konnten es sich nicht leisten, breitbeinig zu sitzen (außer beim Kühe-Melken, beim Hühnerrupfen oder beim Kartoffelnschälen), weil man ihnen dann vielleicht unter den Rock hätte schauen können.

Auch wenn der Mann mit *verknoteten* Beinen auf seinem Stuhl sitzt, verstößt er gegen ein ungeschriebenes Gesetz. Der Mann muss stark sein und sich Territorien erwerben und sich nicht auf seinem Stuhl „dünne" machen. Allerdings holt das männliche Wesen bezüglich der Emanzipation mächtig auf. Auch *er* darf mittlerweile seine weiblichen Seiten öffentlich zeigen, sodass wir auch bei Männern gewisse Sitzarten finden können, die eigentlich unmännlich sind, wie beispielsweise das verknotete Sitzen.

Frauen, die im Fernsehen auftreten, machen sich eher schmal und erscheinen dadurch weiblich und labil. Das wird dann durch die vielen Knicks, die „Kurvenlandschaft", in der Figur deutlich. Das Klischee der *weiblichen* Frau wird durch diese geknickte und labile Haltung sichtbar.

5. Element, Freitag

Freddy, die Muschel, und Felizia, die Amsel – Die Gestik

Gesten gehören in unser körpersprachliches Repertoire, wie die Worte in unseren Sprachschatz. Sie werden von jedem Menschen ohne Ausnahme gemacht und benutzt, allerdings mit individueller Intensität.

Gesten sind wie alle anderen körpersprachlichen Signale Ausdruck innerer Zustände, die durch Körpersprache für andere sichtbar werden. Der Zustand des Erschreckens kann beispielsweise durch eine vorgehaltene Hand an der Stirn oder auch beiden Händen vor dem Mund sichtbar werden, ohne dass der Erschreckte auch nur ein Wort seines Schreckens verlauten lässt. Körpersprache gibt, sehr viel schneller als die gesprochene Sprache, die Reaktionen des Menschen auf etwas preis, was sprachlich noch nicht hörbar ist. Der Vorteil liegt auf der Hand: Wer‘s erkennt, ist immer einen Schritt voraus.

Es gibt große Gesten, aber auch kleine, eckige, weiche, hohe, flache, sinnliche, abstrakte, fordernde, liebevolle, offene, verschlossene, grobe, pingelige, popelige und noch viele mehr. Die meisten Menschen „formulieren“ ihre Gesten auf Bauchhöhe vor dem Oberkörper. Das ist jedem bekannt und erscheint uns zunächst nicht besonders spektakulär. Auch weiß jeder, was das Winken mit der Hand zu bedeuten hat. Entscheidend ist aber, sich differenzierter mit den einzelnen Gesten zu beschäftigen, denn sie sind bezüglich ihres Aussagewertes sehr unterschiedlich. Bei zunehmender Beschäftigung mit diesem Element werden Ihnen zahllose Gestenarten auffallen, die alle sehr unterschiedlich wirken. Auch diese Signale sind weitere Mosaiksteine zum Gedankenlesen.

Es ist wichtig, die einzelnen Gesten/Bewegungen selbst zu üben und anzuwenden. Dann wissen Sie, wie sie sich tatsächlich anfühlen, und vor allem, welcher Lebenseinstellung sie entspringen.

Von Wattebällchenwerfern und Handkantenschlägern – Die aktiven Gesten

Ich unterscheide die aktiven Gesten von den passiven Gesten. Die *aktiven* Gesten sind Gesten, die wir ausführen, wenn wir selbst sprechen. *Passive* Gesten machen wir, wenn wir anderen Menschen zuhören.

Vor einiger Zeit war ich in dem Land, wo die Zitronen blühen, in Italien. Bei meinen abendlichen Spaziergängen sah ich an einer Ecke der örtlichen Trattoria, wie eine Italienerin fast schwindelerregend auf eine Landsmännin „eingestikulierte". Ich konnte kaum ein Wort verstehen, aber mir aber anhand ihrer Gesten den einen oder anderen Inhalt zusammenreimen. Sie gestikulierte, als wäre der Teufel hinter ihr her.

Ich glaube, sie sprach über einen neues Kochrezept. Diese faszinierende Gestenvielfalt kenne ich sonst aus kaum einem anderen europäischen Land. Man könnte Italien als das „Land der Gesten" bezeichnen. Wir Deutschen sind bezüglich der Gesten sehr viel zurückhaltender.

Gesten sagen etwas über unsere Gefühle, unsere Gedanken und auch unsere Handlungen aus. Sie spielen eine wesentliche Rolle, um Inhalte überzeugend rüberzubringen, ob bei einer Präsentation, einer Verhandlungssituation oder in der gemeinsamen Urlaubsplanung.

Setzen wir keine Gestik ein, bleibt eine Rede schlicht, emotionslos und langweilig. Und sie verleitet den Zuhörer auch nicht zum Handeln. Diesen Tatbestand können Sie sehr gut an den Moderatoren der abendlichen Nachrichten im Fernsehen nachvollziehen. Ihre Gestik ist sehr zurück gehalten und nah am Körper, was in diesem Fall ja auch gewollt ist.

Stellen Sie sich einmal vor, der Sprecher der Tagesschau beschriebe körpersprachlich eine Geiselnahme: Er reißt seine Arme hoch, schüttelt den Kopf verzweifelt hin und her und legt das Gesicht in die Hände, da er in Anbetracht dieser Nachricht so ergriffen und betroffen ist. Bei solchen Gefühlsregungen würden wir uns fragen: „Was ist denn heute mit unserem Herrn Tagesschau-Sprecher los?"

Die Nachrichtensprecher müssen Informationen weiterleiten, die möglichst emotionslos und sachlich sein sollen. Bei einige Kommentatoren würde ich mir allerdings manches Mal wünschen, dass sie zumindest in der Mimik ein wenig mehr Betroffenheit signalisieren. Sehr deutlich kommt eine gewisse Unehrlichkeit beim flotten Übergang von einem grausigen zu einem fröhlichen Thema zum Ausdruck. Da wird so cool umgestellt, wie wenn man einen Lichtschalter von dunkel auf hell stellt.

Gesten haben in der Kommunikation den Sinn, das gesprochene Wort zu unterstreichen und auch dem Inhalt Lebendigkeit und Bildhaftigkeit zu geben. Sie wirken anschaulicher, wenn wir beide Arme dazu benutzen. Den Begriff „Globalisierung" *einarmig* zu formulieren, ist eindeutig zu „mager". Bei anderen Begriffen genügt es, nur einen Arm zu verwenden. Für die Beurteilung der Aussagekraft der Gesten, die wir im Folgenden vornehmen, ist es aber nicht relevant, ob sie mit einem oder mit beiden Armen vorgenommen werden.

Ich möchte Ihnen im Folgenden zunächst die *aktiven* Gestenarten vorstellen:

- Gesten aus der oberen, mittleren – und unteren Ebene
- Runde und eckige Gesten
- Gesten mit Faust und Zeigefinger

Der Begriff „Vertrauen" durch die drei Gestenebenen

Stellen Sie sich vor, Sie stehen in drei verschiedenen Hula-Hoop-Reifen. Der erste schwebt auf Kopfhöhe über Ihnen. Auch einige Zentimeter darüber und darunter ist denkbar. Der zweite schwebt auf Brust- und Bauchhöhe. Der dritte auf Genitalien- und Oberschenkelhöhe.

Dies sind die *drei Ebenen,* in denen Sie gestikulieren können. Alle drei Gestenebenen haben einen unterschiedlichen Aussagewert.

Obere Ebene

Es ist eine Tatsache, dass Menschen, die uns Vertrauen entgegen bringen oder dies auch nur demonstrieren wollen, den gesamten Arm, also auch den Oberarm, anheben, um eine Geste auf dieser

Ebene zu *formulieren*. Durch diese Gesten zeigen wir dem anderen sehr verletzliche Stellen unseres Körpers. Die eigene Brust tritt heraus und die Achselhöhlen werden sichtbar. Diese Bewegung macht man nur, wenn man sich sehr sicher ist, dass der Zuhörer einem nichts „Böses“ will – wenn er ein Freund ist.

Das Amüsante an der Sache ist, dass uns ja heute keiner mehr etwas „Böses“ will, dergestalt dass er eine Keule zückt und auf uns einschlägt. Doch die Anfeindungen durch das gesprochene Wort oder durch zwischenmenschliche Fieseleien setzen den gleichen Mechanismus in Gang. Wir fühlen uns durch sprachliche Attacken angegriffen und gehen erst einmal in die Defensive. Das bedeutet körpersprachlich, dass wir uns zurückziehen und uns schützen möchten. Einige gehen lieber ebenfalls in die Offensive.

Öffnen wir die Arme aber, zeigen wir Vertrauen, und lassen im Gegenzug erwarten, dass der andere uns ebenfalls vertrauen kann. Das ist eine Art unausgesprochener Handel: Gebe ich dir etwas freiwillig hinüber – in diesem Fall das Vertrauen – möchte ich dies auch von dir erwarten können. Das ist ein unausgesprochenes moralisches Gesetz, dem sich kaum jemand entziehen kann.

Mitreißende, weltbewegende, immens wichtige und vertrauensfördernde Inhalte unterstreichen wir mit den Gesten aus dieser oberen Ebene. Sie sind bei Wahlreden von Politikern nichts Ungewöhnliches und haben eine starke Wirkung auf die Wählerschaft. Man nennt diese Ebene auch die *positive Ebene*, denn diese Gesten stehen so gut wie nie mit negativen Begriffen in Verbindung.

Benutzen Sie diese Ebene? Dann sind Sie wahrscheinlich eine Art *Felizia*.

Mittlere Ebene

Die Gesten in der mittleren Ebene bezeichnet man als gemäßigte oder *neutrale* Gesten. Um in dieser Ebene zu gestikulieren, brauchen wir nur unsere Hände und den Unterarm zu bewegen. Der Oberarm kann angelegt bleiben. Er nimmt in diesem Moment eine schützende Funktion ein. Vertrauen zeigen wir nur dann, wenn wir uns dem anderen öffnen. Solange der Oberarm aber noch angelegt ist, wird das nicht passieren und der andere wird auch nicht das Gefühl von offenem Entgegenkommen verspüren.

Untere Ebene

Die Gesten in der unteren Ebene sind negativeren und auch teilnahmslosen Inhalten vorbehalten. Dort zeigt unser Zeigefinger gerne mal hin, wenn wir mit jemandem schimpfen. Das Heranwinken einer Person wirkt abwertend, wenn es in der unteren Ebene stattfindet. Oft kommt mit diesen Gesten auch Trauer zum Ausdruck.

In Präsentationen kann man so kaum überzeugen und erst recht keine Wählerschaft. Wir sprechen den Zuhörern durch diese Gesten kein Vertrauen aus und animieren sie auch nicht zum Handeln. Stellen Sie sich z.B. vor, der Kanzler würde die künftigen Steuererhöhungen mit der linken Hand in Kniehöhe aufzählen. Minus 10 Prozent Wählerstimmen – garantiert.

Das bedeutet nicht, dass diese Menschen auch traurig oder nicht besonders vertrauensselig sind. Es wirkt so, und es kann auch sein, dass es so ist. Wir haben hier aber nur *ein* körpersprachliches Signal herausgenommen und dürfen die anderen Signale nicht ignorieren. Oft handelt es sich auch um einen *Freddy,* wenn jemand nur Gesten aus der Hand verwendet. Er formuliert seine Gesten immer nur in der unteren Ebene.

Freddy kann seine Freude nicht gut in gestische Bewegungen umsetzen. Obwohl er über ein freudiges Thema referiert, schafft er es nur, die Freude mimisch umzusetzen. Es *muss* also kein Widerspruch hinter der Mimik versteckt sein, wenn Freddy sich freut, es aber gestisch nicht zeigt. Bei ihm sitzt das körpersprachliche Ventil in der Mimik und nicht in der Gestik. Gestik und Mimik sind im übrigen die zwei bewussten Hauptventile, um innere Prozesse nach außen zu transportieren.

Es *kann* aber ein Widerspruch versteckt sein, wenn Freddy auf sprachlicher Ebene von freudigen Erlebnissen wie seiner Hochzeit berichtet, aber gleichzeitig griesgrämig guckt und nur Gesten aus der unteren Ebene verwendet. Wollte er heiraten oder musste er es tun?

Übung

Reißen Sie die Arme hoch und sagen Sie dabei: „Ich fühle mich so mies!" Posaunen Sie mit zusammengesunkener Brust und hängenden Armen und Kopf heraus: „Ich fühle mich so super!" Jetzt anders herum: Arme hoch und dabei sagen, dass Sie sich super fühlen, Arme runter und sagen, dass Sie sich schlecht fühlen. Merken Sie, dass die Ebenen in positiv und negativ festgelegt sind? Dies ist ein Phänomen, dem wir uns nicht entziehen können.

Also

Auf den Betrachter wirken die Gestenarten im oberen Bereich meist positiv, hell, freudig, begeisternd und vertrauensfördernd, im mittleren Bereich wirken sie neutral und kaum anregend zum Handeln. Im unteren Bereich dagegen wirken Gesten negativ, dunkel, traurig, abwertend und sogar vertrauenshemmend.

Runde und eckige Gesten

Wenn Menschen über ihre *Gefühle* sprechen und Gefühlsmäßiges zum Ausdruck bringen möchten, benutzen sie die *runden, weichen* oder auch die *lyrischen* Gesten. Im Gespräch werden dann Kreise, Spiralen und Lemniskaten vor dem Sprechenden in die Luft gezeichnet; alles ist *rund* bei dieser Bewegung. Menschen, die weich gestikulieren, sind gefühlsbetont, haben eine starke weibliche Seite und bauen sehr flink eine Beziehung zum Gesprächspartner auf. Diese Gesten können auf *allen drei Ebenen* formuliert werden. In der mittleren Ebene erhalten die runden Gesten eine Tendenz des „Wattebällchenwerfens". Hierbei sind die Oberarme angelegt und die Hände formulieren direkt vor der Brust. Ein anschaulicher Spruch dazu wäre: „Oh, du kleiner Schelm, du!"

Die *eckigen* Gesten ähneln den Handkantenschlägen beim Karate. Sie können in jede beliebige Raumrichtung gefeuert werden. Diese Gesten werden von abstrakt denkenden, klar strukturierenden und meist sachlich argumentierenden Menschen benutzt. Aber sie werden auch von Menschen verwendet, die es gewohnt sind, Befehle zu erteilen. Sie legen größten Wert auf ihre Fachkompetenz und haben klare Vorstellungen davon, was als Nächstes zu tun ist.

Natürlich kann man nicht sagen, dass es Menschen gibt, die nur auf die eine oder andere Art gestikulieren. Wir können aber davon ausgehen, dass einige Menschen *eine Vorliebe* für eine dieser beiden Arten haben. Verwendet werden sie natürlich von allen Menschen, je nach Situation.

Eckige Gesten werden auch wegweisend eingesetzt. Das heißt zum einen, dass Sie einen geistigen Weg zu einem Ziel aufzeigen, also eine Bewegung von sich selbst nach vorne in die Zukunft machen. Die Zukunft formulieren wir im Übrigen nur im vorderen Gesten-Bereich, es sei denn, die Zukunft ist düster. Die Gegenwart liegt gestisch vor den eigenen Füßen und die Vergangenheit meist im hinteren Bereich. Fast schon hinter dem Rücken. Zum anderen weisen die eckigen Gesten einer Person den tatsächlichen Weg zu einem bestimmten Ortsteil oder Gebäude.

Auch werden konkrete und aktive Anschuldigungen oder Aufforderungen immer mit geraden, klaren Gesten hervorgebracht, kaum mit den runden. Versuchen Sie doch einmal, jemanden mit weichen Gesten zu beschimpfen, oder unterstreichen Sie das Wort „Basta“ mit einer runden Geste.

Harte Gesten können sehr einschüchternd sein, wenn dazu ein ernster Blick, ein aufgeblasener Oberkörper und ein breitbeiniger Stand hinzukommen. Sie werden gerne von dominanten und machtorientierten Menschen benutzt, da mehr Klarheit, aber auch mehr *Druck* in diesen Gesten steckt.

Ein unschönes und doch sehr offensichtliches Beispiel lieferte uns Hitler. Nehmen Sie den Satz: „Ihr seid das deutsche Volk und gebt unseren Kindern die Zukunft!“ Rollen Sie das R dabei und machen Sie gerade Gesten. Dasselbe jetzt mit runden Gesten. Merken Sie, dass diese Bewegung für diese Aussage zu weich ist und man damit keinen Blumentopf und erst recht nicht ein ganzes Volk gewinnen kann?

Hitler hat es leider geschafft, unter anderem durch Einsatz seiner ausdrucksstarken Körpersprache, ein ganzes Volk zu manipulieren. Die Zeiten waren schlecht, und oft wenn Menschen darben, erscheinen aus dem Nichts diese Personen mit manipulierenden Kräften. Das kann man im Kleinen immer wieder bei cholerischen Chefs erleben. Durch die Vehemenz ihrer Worte und der dazugehörigen Körpersprache sind sie in der Lage, ihre Mitarbeiter zu motivieren. Dass dies bei Cholerikern nicht immer in einen freundlichen und sonnigen Spaziergang ausartet, kann man sich wohl denken.

Übung

Bewegen Sie Ihre beiden Hände in weichen Bewegungen von rechts nach links, machen Sie ein paar Kreisbewegungen und sagen Sie dabei: „Alaba-alaba". Jetzt schließen Sie Ihre Finger, als wollten Sie gleich Bruce Lee zum Kampf herausfordern. Ziehen Sie mit Ihren beiden Händen eine Bewegung von oben nach unten, eine weitere von innen nach außen und noch eine letzte von Ihrer Brust aus nach vorne schmetternd. Zu jeder dieser Bewegungen sprechen Sie jeweils ein Wort aus dieser Wortkette: „Zack – Aus – Schluss!"

Diese Bewegung duldet keine Widerrede. Sie versetzt den gesamten Oberkörper in Alarmbereitschaft. Sie sollten bei diesem Ausspruch jede Muskelfaser Ihres Oberkörpers einzeln spüren. So manch einem ist das viel zu anstrengend und nicht vermittelnd genug. Ein Mensch, der die Ruhe liebt und die bequemen Seiten des Lebens den unbequemen grundsätzlich vorzieht, benutzt diese Gesten so gut wie nie.

Jetzt vergleichen Sie die beiden Gestenarten. Bei dem Phantasiewort „Alaba-alaba" ist alles weich und angenehm, aber so manch einem fehlt hier die Würze in der Bewegung, die Klarheit und die Verbindlichkeit. Dass sich Menschen mit harten Gesten anders benehmen, anders sprechen und anders fühlen als Menschen, die mit Vorliebe weiche Gesten machen, liegt auf der Hand.

Also

Ist eine Führungskraft oder auch eine Mutter von pubertierenden Kindern in ständiger Befehlsbereitschaft, werden sie eckigen Gesten bevorzugen. Ist ein Künstler oder Therapeut mit menschlichen und soften Themen beschäftigt, bevorzugen sie die weichen Gesten. Eigenschaften und Vorhaben kann man an der Gestik erkennen.

Gesten mit Faust und Zeigefinger

Die berühmte *Faust* ist kaum misszuverstehen. Menschen sammeln in bestimmten Situationen enorme Energien in der Faust: Kernfusion. Über kurz oder lang wird sich diese Energie in die Umwelt entladen oder sich auf eine fremde Nase zentrieren – eventuell auch nur im übertragenen Sinne.

Menschen, die ihre Hände häufig zu Fäusten ballen, stehen unter enormem Druck und halten in diesem Moment ihre Gefühle in sich zurück. Eine Signalkette zu dieser Gefühlslage könnte sein: *zusammengekniffene Lippen* und auch *Augen*, *aufeinander beißende* oder sogar *knirschende Zähne* und ein *nach vorne geschobener Kiefer.* Die *Beine* stehen *fest auf der Erde* und der *Oberkörper* ist etwas *zusammengezogen*.

Der *Zeigefinger* ist ein ähnlich starkes Signal wie die Faust. Auch er ist Teil einer Machtdemonstration. Dieser Ausdruck reicht von einer einfachen Aufforderung bis zu einer Nötigung zum Zuhören. Unseren Lehrern durften und mussten wir in der Schule täglich zuhören. Oftmals mussten wir ihnen auch Recht geben, denn der Lehrer an sich weiß sehr viel. Lehrer sind die Rekordhalter im Zeigefingerstechen. Menschen, die viel mit dem Zeigefinger herumstechen, haben ein starkes Bedürfnis nach Aufmerksamkeit. Weniger verständlich als bei einem Lehrer ist dieses Verhalten allerdings, wenn es um einen Verhandlungspartner oder Ehepartner geht, der uns mit dem Zeigefinger ständig vor der Nase herumfuchtelt. Tut er das verstärkt, ist er wahrscheinlich ein dominanter Typ – oder er möchte gerne ein dominanter Typ sein.

Die Signalkette wäre dann: *aufrechte und leicht nach vorne geneigte Körperhaltung, eng zusammenstehende Füße* und ein *strenger Blick*.

Übung

Stellen Sie sich noch einmal vor den Spiegel. Fuchteln Sie jetzt mit Ihrem Zeigefinger auf Ihr Spiegelbild ein, begleitet von einigen sprachlichen Formulierungen. Überprüfen Sie, wie das auf Sie wirkt.

Also

Begegnen Sie einem Menschen, der seine Fäuste ballt, kann es sein, dass er unter Druck steht. Es kann aber auch ein, dass es ein sehr introvertierter Mensch ist – dann steht die Faust aber nicht unter Spannung.

Begegnen Sie einem Menschen, der beim Sprechen mit dem Zeigefinger gestikuliert, handelt es sich wahrscheinlich um einen Typ, der gerne das letzte Wort hat. Er gibt Ihnen durch diesen Finger zu verstehen, dass er eine feste Meinung von einer beliebigen Sache hat und Sie diese gefälligst übernehmen sollen. Auch wird dieser Zeigefinger bei Drohungen, Warnungen und Mahnungen gerne benutzt, um das gesprochene Wort zu unterstützen. Es macht auch einen kleinen Unterschied, ob jemand beim Sprechen mit dem Zeigefinger auf mich zeigt oder z. B. in die Höhe. Zeigt jemand direkt auf mich, fühle ich mich eher angegriffen, als wenn er in die Höhe zeigt. Das signalisiert mir nur: Hab Acht!

Von Wichtigtuern, Revolverhelden und Stachelschweinen – Die passiven Gesten

Passive Gesten sind die Gesten, die wir machen, wenn wir zuhören. Es sind eher statische Gesten, die ohne großartige Bewegung auskommen: Ich möchte Ihnen die folgenden passiven Gestenarten vorstellen:

- Arme vor der Brust verschränkt
- Hand am Kinn, an der Wange, an der Nase oder am Kopf
- Hände in die Hüften gestemmt
- Hände vor dem Bauch
- Hände an den erogenen Zonen
- Hände in den Hosentaschen

Verschränkte Arme

Wie wir bereits bei den Körperhaltungen gesehen haben, wirkt das Verschränken der Arme auf uns distanziert und manchmal auch etwas abweisend, ja sogar wichtigtuerisch. Diese Wirkung entsteht aber nur, wenn wir *zusätzlich* ähnliche Signale einer Färbung auffangen. Eine Signalkette könnte sein: das *Standbein* wird *nach hinten* verlegt, die *Nasenspitze* ein wenig nach oben *angehoben*. Dann wirkt der andere auf uns distanziert und sogar etwas arrogant. Steht er aber mit geschlossenen Beinen, eingezogenen Schultern und verschränkten Armen vor uns, so kann es sein, dass er einfach nur friert oder sich unwohl fühlt. Also, gründen Sie Ihre Beurteilung nie auf nur ein einziges Signal, sondern sehen Sie auch den Zusammenhang!

Denken Sie noch einmal an unsere weiche und harte Körperseite. In diesem Zusammenhang bedeutet das Verschränken der Arme, dass jemand seine weiche Seite schützen will. Ob er sich nun vor der Kälte oder vor einem bösen Menschen und dessen bösen Worten schützen möchte, ist nur aus weiteren Signalen herauszulesen, wie beispielsweise: einer *gerümpften Nase* oder aber *klappernden Zähnen* usw.

Übung

Stellen Sie sich bei Ihrer nächsten Kommunikation einmal so hin: Arme verschränkt, Standbein hinten und den Kopf leicht nach oben gerichtet. Es soll ein wenig hochnäsig aussehen. Dann achten Sie auf die Reaktionen Ihres Gesprächspartners. Ist er verunsichert, wird er sich zurückziehen und das Gespräch wahrscheinlich beenden wollen. Ist er aber ein Kämpfertyp, wird sein Reptiliengehirn auf Grün – freie Fahrt – schalten. Dann ist er bereit zum Kampf, was sich in verbalen Attacken äußert.

Also

Wenn Typen ihre Arme vor dem Oberkörper verschränken, seien Sie nicht zu vorschnell in Ihrer Beurteilung. Manchmal frieren die Leute auch nur – besonders bei mir in Hamburg und besonders die „Quiddjes". So werden bei uns die Zugezogenen von einem „richtigen Hämbörger" genannt.

Hände am Kopf

Wenn wir uns mit einer Hand am Kopf zu schaffen machen, wirken wir nachdenklich. Wir können uns am Kopf kratzen, was nicht interpretationsbedürftig ist. Wir können die Hand an unser Kinn legen (denken Sie an Rodin und seinen Denker), wir können uns *an* die Nase und *in* die Nase greifen, was man landläufig als Popeln bezeichnet und uns auch keinen tieferen Sinn erschließen muss.

Wir können uns am Ohr ziehen oder über die Lippen streichen. All dies hat etwas mit Nachdenklichkeit zu tun. Die Stelle, an der wir unsere Hand postieren, kann einen Hinweis geben, woran wir gerade denken.

Geht die Hand zum *Ohr*, könnte es bedeuten, dass wir uns fragen, ob wir alles richtig verstanden haben. Geht die Hand zur *Nase*, kann es sein, dass man das Gesagte nicht riechen kann. Wenn die Hand über die Lippen streicht, verbindet man sich sehr gefühlsmäßig mit dem Gesagten.

Natürlich können wir über die Körpersprache nie haargenau sagen, was der andere denkt – ein Glück! –, aber wir können eine Richtung entdecken. Für Verhandlungen ist es sehr vorteilhaft, wenn wir diese Signale erkennen und bewusst wahrnehmen. Dann können wir auf das körpersprachlich Ausgedrückte sprachlich eingehen.

In der Körpersprache liegen viele Gefahren, Fehlinterpretationen sind an der Tagesordnung. Wenn man aber mit den Inhalten der Körperrhetorik übt und sich jeden Tag damit beschäftigt, wird man immer sicherer in seiner Menschenkenntnis. Das ist für alle Kommunikationsprozesse von Vorteil.

Achten Sie in der Kommunikation auf Ihre Hände. Es kann sein, dass es eine besondere Stelle gibt, an der Sie Ihre Hand ablegen, wenn Sie unsicher sind. Auch bei anderen Menschen erkennen Sie diese so genannten „Übersprungshandlungen“. Sie werden immer dann gemacht, wenn der normale Kommunikationsfluss gestört ist, also wenn man nicht weiß, was man als Nächstes sagen soll. Ob das bei einem Rendezvous oder einer Präsentation geschieht, ist einerlei.

Übung

Beobachten Sie sich im Gespräch genau. Vielleicht können Sie sich in der Interaktion mit anderen auch einmal auf Video aufnehmen und dies später genau studieren. Fragen Sie auch Freunde und Familienmitglieder, ob Ihnen schon einmal typische Gesten an Ihnen aufgefallen sind.

Also

Wenn die Hand an den Kopf fasst, bedeutet dies, dass die Hand den Kopf zum Nachdenken animieren will. Da die Hand bekanntlich zum Handeln da ist, liegt diese These „auf der Hand".

Kennen Sie den Spruch: „Leichte Schläge auf den Hinterkopf fördern das Denkvermögen"? Jeder, der das erlebt hat, weiß, dass man nach den Schlägen nicht besser denken konnte. Im oben beschriebenen Beispiel ist die Hand, die zum Kopf geht, aber unsere eigene Hand. Der Denkprozess kann so tatsächlich aktiviert werden!

Arme in die Hüfte gestemmt

Diese Geste hat wieder etwas mit dem Territorialverhalten zu tun. Indem wir die Hände in die Hüften stemmen, können wir uns breit machen, und das drückt eine Einstellung zu einer Sache aus.

Hier ist es allerdings ein Unterschied, ob unsere Fingerspitzen zum Bauch oder hinten auf die Nieren zeigen. Fingerspitzen, die zu den Nieren drücken aus, dass wir zu viel gestanden haben und der Rücken langsam schlapp macht. Fingerspitzen, die zum Bauch weisen oder als Faust in der Hüfte geballt sind, zeigen dagegen, dass wir gerade mit jemandem schimpfen oder einen anderen Menschen zur Rede stellen.

Sollten Sie Kinder haben, kennen Sie die Haltung aus dieser Situation: „Heb sofort deine Jacke vom Fußboden auf, ich hab dir schon zehnmal gesagt, dass sie dort nicht hingehört!". Oder wenn der Mann zu spät nach Hause kommt: „Wo warst du?"

Diese Haltung kommt auch dann zum Vorschein, wenn wir jemandem zuhören, der uns auf ein Problem angesprochen hat. Fühlen wir uns durch das Gesagte angegriffen, machen wir uns durch diese Armhaltung breit und signalisieren: „Nicht mit mir, mein Junge!" Stellen Sie sich vor, Sie stehen in dieser Haltung auch noch breitbeinig da, dann gibt es kaum ein Durchkommen. Schönen Gruß vom Türsteher!

Übung

Wenn Sie morgen Abend nach Hause kommen, stellen Sie sich einmal mit abgespreizten Armen vor Ihren Partner hin. Sagen Sie ihm nicht „Guten Abend“ und warten Sie auf seine oder ihre Reaktion. Er oder sie wird sich mit Sicherheit angegriffen fühlen, oder denken, er habe etwas verkehrt gemacht. Er wird sofort in seinem Kopf herumkramen, ob er vielleicht den Frühstückstisch am Morgen nicht abgedeckt hat oder die Zahnpasta auf dem Beckenrand liegen gelassen hat.

Also

Abgespreizte Arme bedeuten vorrangig, dass man sich für einen Moment breiter als nötig macht, da man einen verbalen oder körperlichen Angriff erwartet. Vorsicht allerdings: Verwechseln Sie diese Haltung nicht mit der „Rückenprobleme-Haltung“.

Hände an erogenen Zonen

Einige Zonen an unserem Körper hängen mehr oder weniger stark mit unserer Sexualität zusammen. Diese erogenen Zonen sind geschlechterspezifisch und wirken bei ihrer Aktivierung auf Frauen anders als auf Männer. Denken Sie nur einmal daran, wie es kribbelt, wenn Ihnen jemand am Hals knabbert. Das ist dann eine aktivierte erogene Zone. „Hmmm ...“

Verzeihen Sie mir, wenn ich mich in der Kommunikation zwischen Mann und Frau noch einmal der Klischees bediene. Selbstverständlich sind dies nur grobe Richtungen und jedes der beiden Geschlechter kann aus diesem Klischee herausfallen. Wir werden uns ja schließlich immer ähnlicher. Das ist wahr!

Nehmen wir an, eine Frau fährt sich mit der einen Hand durch die Haare und stützt die andere in ihre Hüfte. Wenn eine Frau das bei einem Mann bemerkt, ist das nicht weiter aufregend, aber für die Männer, die es bei einer Frau bemerken, umso mehr!

Einige Männer finden es sogar so aufregend, dass sie sich ein Foto von einer Frau, z.B. aus dem „Playboy“, in ihren Spind hängen. In dieser Pose wird die erogene Zone an den Achseln sichtbar und gibt ein erotisches Signal an die Umwelt. Zusätzlich werden die „labilen Kurven“ sichtbar, was diesen erotischen Ausdruck noch verstärkt.

Hat eine Frau nun, von der Natur beschenkt, eine richtig tolle offene Haarmähne, muss sie zwangsläufig bei der einen oder anderen Tätigkeit, ihre Haare aus dem Gesichtsfeld streichen. Automatisch und ohne Absicht wird die erogene Zone unter dem Arm sichtbar. Es ist gleichgültig, ob da ein T-Shirt drüberliegt oder nicht: Sie sendet ein erotisches Signal nach außen. Darauf kann eine Reaktion von Seiten des Beobachters folgen. Steht die beschriebene Frau gerade am Kopiergerät in der Firma, und kommt gerade zufällig ein Kollege vorbei, kann es sein, dass er sie einen Augenblick länger als notwendig mit seiner Gegenwart beglücken möchte. Vielleicht kommt er sogar auf die Idee, sie ins Café einzuladen – vor allem im Frühling.

Sprechen wir hier von einem Hund, der seinen Trieben hinterherläuft? Natürlich können wir Menschen uns beherrschen, aber der Reiz kann nicht weg gedacht werden. Er ist da. Ähnlich verhält es sich mit dem Minirock. Ein Mann kann mit dem Auto nicht an einer Frau im Minirock vorbeifahren! Er muss hinschauen, auch wenn die Beine, die er dort sieht, nicht dem Schönheitsideal entsprechen, welches uns ja Dank der Werbung aller Orten entgegenspringt. Er muss hinschauen. (Mental hat er längst angehalten und ist ausgestiegen). Es ist ein erotisches Signal.

In diesem Atemzug seien auch noch einmal die wackelnden Hüften erwähnt. Auch dieser Geste kann sich der männliche Blick kaum entziehen. Hat die Frau auch noch eine Hand auf dem Po, dann ist sowieso alles zu spät.

Drehen wir das Ganze nun um: Wirkt ein Mann, der mit seinem Hintern wackelt, genauso anziehend auf eine Frau? Mitnichten. Männliche Homosexuelle wackeln gelegentlich leicht mit den Hüften. Sie benutzen also das gleiche Signal wie die Frauen, um einen Mann auf sich aufmerksam zu machen.

Wenn jemand die Hand auf das Brustbein legt, ist das auch ein erotisches Signal. Auch darauf springen Männer eher an als Frauen. Frauen legen häufig ihre Hände auf das Brustbein. Doch dieses Signal hat *nicht nur* mit Erotik zu tun. Manchmal sind unsere Gefühle bezüglich der momentanen Situation auch so aktiv, dass uns fast „die Luft weg bleibt". Unter dem Brustbein befindet sich unsere Lunge und das Herz, wir legen die Hand also zur Unterstützung und Aktivierung dorthin.

Manchmal fassen sich Männer wenig subtil an die „Geräte", sprich Hoden. Unbewusst signalisieren sie damit: „Schau mal, Baby, was ich alles habe!" Die Möglichkeit, dass der arme Kerl vielleicht von diversem Ungeziefer befallen ist, und sich nur kratzt, weil es juckt, ist natürlich nicht auszuschließen. Die meisten Frauen scheinen dieses Verhalten abstoßend zu finden und drehen sich eher weg, als dass sie sich davon animieren lassen.

Auf welche Reize springen Frauen dann eigentlich an?

Exkurs: Adam und Evas Wunschkonzert

Eva springt nicht so stark auf körperliche Reiz-Gesten an, denn ihr Fokus liegt auf einer anderen Vorliebe: Eva mag es, wenn Adam verständnisvoll ihren täglichen Problemen zuhört, sie umgarnt und letztendlich auch beschützt. So gibt es bei Adam sexuelle Signale, die mit dem *Beschützen* in Verbindung stehen.

Adam soll stark sein und Eva auf Händen tragen. Dafür braucht er ein *starkes Kreuz*. Klar! Auf diesen Reiz springt Eva an. Das weiß Adam, und deshalb geht er fleißig ins Fitness-Studio.

Aber nicht nur stark soll Adam sein, er soll auch noch mitfühlend und liebevoll sein. Am besten sogar den Erziehungsurlaub für das Neugeborene machen. Mann, der arme Mann. So viel auf einmal und auch noch so Gegensätzliches erwartet Eva von ihm. Wie soll er das nur schaffen, fragt man sich vor dem Hintergrund der neuen Gehirnforschung, die besagt, dass ein Mann immer nur *eine* Sache auf einmal machen kann – diese dafür allerdings dann meistens richtig und gründlich. Deswegen ist er (im Klischee!) auch so ziel-

und lösungsorientiert, während viele Frauen mehr Wert auf die Mittel zum Zweck, auf die Beziehungen untereinander und das Gefühl legen. Eva geht es um den *Prozess*, nicht um die Lösung.

Kennen Sie die Situation: Mann und Frau haben einen Streit. Die Frau formuliert ihre Probleme. Der Mann hört ihr zu, potz Blitz!, und hat sofort eine, wie er meint, gute Lösung für dieses Problem parat. Die Frau bekommt also jetzt eine Lösung für ihr Problem und könnte hochzufrieden damit sein. Was passiert? Sie erregt sich nur noch mehr. Sie will seine „schlaue Lösung“ nicht. Sie will über das Problem *sprechen* und mit diesem Problem ernst genommen werden. Sie will von ihm verstanden werden. Und wenn es keine Umstände macht, möchte sie außerdem auch noch, dass er sagt: „Schatz, es tut mit leid!“ Egal, ob er schuldig oder unschuldig ist. Adam denkt diesen Satz aber leider häufig nur. Er will ihm nicht so recht über die Lippen kommen.

Viele solcher Verhaltensweisen haben sich im Laufe der Evolution eingeschlichen. Das Sexualverhalten ist eines der am stärksten ausgeprägtesten Verhaltenmuster des Menschen und dieses Verhaltensmuster leitet auch noch heute unsere Gedanken, Gefühle und Taten. Manchmal stärker als uns lieb ist. Wenn wir wissen, welches Verhalten wir in welcher Situation an den Tag legen und wo diese Verhaltensmuster her kommen, sind die Reaktionen darauf besser zu verstehen – von anderen, aber auch von uns. Wie oft sagt man sich: „Keine Ahnung, was mich da *geritten* hat!“

Wenn die Frau am Kopierer also weiß, wie sie durch ihr häufiges „Durch-die-Haare-Streichen“ wirkt, ist es für sie ein Leichtes, die Situation mit Humor zu betrachten. Anstatt sich über die ständigen Gaffer aufzuregen, kann sie ja auch mal in die Offensive gehen – vielleicht ist ja der passende Gaffer für sie dabei.

Übung

Ein Hinweis an die Männer: Bitte greifen Sie sich *nicht* an die Genitalien – auch nicht in der Hosentasche – während Ihres nächsten Gespräches. Aber achten Sie einmal auf öffentlichen Plätzen darauf, wie oft Sie dieses Verhalten beobachten können. Achten Sie verstärkt auf das Anfassen und Zeigen der erogenen Zonen und wie es auf Sie wirkt. Achten Sie auch auf die folgenden Signale: Arme hinter dem Kopf, Hände auf der Brust oder dem Po, nackte Beine und freigelegter Hals – vor allem bei den Frauen.

Hier sei noch das ständige „Über-die-Lippen-Streichen“ der Zunge erwähnt, sowie das Blähen der Nasenflügel. Auch auf die Lippen eines Gesprächspartners zu schauen ist ein erotisches Signal, das Sie beobachten können. Vorsicht allerdings: Es gibt auch gehörgeschädigte Menschen, die uns von den Lippen ablesen. Nicht verwechseln!

Also

Männer und Frauen verwenden erotische Signale. Das Legen der Hände auf erogene Zonen kann besonders bei Männern starke Reaktionen auslösen. Doch gerade in diesem Bereich ist Vorsicht vor Fehlinterpretationen geboten!

Hände vor dem Bauch

- Pfarrer-Geste
- Lehrer- und Psychologen-Geste
- Pistolenfinger
- Stachelschwein-Gestik

Die Pfarrergeste mit betenden Händen oder die Lehrer- und Psychologen-Geste mit ineinander gelegten Händen sind die häufigsten Gesten beim Zuhören. Diese zwei Berufsgruppen benutzen

diese Geste auch gerne beim Sprechen. Sie sollen dem Zuhörenden Aufmerksamkeit signalisieren.

Diese Geste erhält allerdings oft einen Beigeschmack von Besserwisserei. Pfarrer haben noch heute eine gewisse Autorität und Lehrer allemal. Sie verfügen über eine Menge Wissen, weswegen sie eben auch vieles „besser“ wissen.

Doch achten Sie auf Stimmigkeit in den Signalen: Eine zarte, zurückhaltende Frau wirkt auch mit dieser Geste nicht wie eine Besserwisserin. Die restlichen Signale sind bei ihr vielleicht zu zurückhaltend und zart. Bei einem arroganten Gockel mit mokantem Lächeln und hochgezogenen Augenbrauen kann es aber sehr wohl besserwisserisch wirken.

Beim „Pistolenfinger“ sind die Hände gefaltet und nur die beiden Zeigefinger deuten mit den Fingerspitzen auf einen anderen Menschen. Das signalisiert eine Abwehrreaktion und ist letztlich Ausdruck von Unsicherheit. Ob jemand diese Geste benutzt, weil ein anderer die Distanzzone nicht akzeptiert oder weil er bestimmte Redeinhalte eines anderen nicht akzeptieren kann, muss durch Nachfragen herausgefunden werden.

Die „Stachelschwein-Gestik“, bei der die zehn Fingerspitzen der Hände aufeinander gepresst werden, wird von den Menschen gemacht, die gerade eine passende Formulierung suchen. Wenn Herrn Meier z.B. gerade der Name von Herrn Müller nicht einfällt, er diesen aber Frau Schmidt vorstellen muss. Diese Gestik wird bei starker Konzentration auf einen Redeinhalt benutzt. Der Denker ist in diesem Moment starker Konzentration absolut angreifbar. Er befindet sich in diesem Moment in seiner Innenwelt und nicht in der Außenwelt.

Das verdeutlicht, dass es sich auch hier um eine Schutzfunktion handelt – ähnlich wie beim Pistolenfinger. Es könnte sich ihm im Moment der Konzentration ein Feind nähern.

Übung

Erinnern Sie sich an heute Morgen. Überlegen Sie einmal, was Sie als Erstes getan haben. Es fällt Ihnen wahrscheinlich nicht sofort ein, weil Sie es unter der Rubrik „Banalitäten" abgespeichert haben. Versuchen Sie sich jetzt ein zweites Mal zu erinnern, während Sie die Fingerspitzen aufeinander pressen. Bei diesem zweiten Versuch ist mehr Konzentration vorhanden, wodurch sich die Erinnerung schneller einstellt. Diese Übung können Sie auch mit anderen Erinnerungen machen, die Ihnen nicht sofort einfallen wollen, da Sie länger nicht darüber nachgedacht haben.

Wichtig ist, dass Sie sich beim ersten Versuch ohne „Stachelschweinfinger" nicht stundenlang Zeit geben, sondern nur etwa zwei Sekunden. Ansonsten können Sie den Versuch als fehlgeschlagen abhaken.

Also

Es kann sein, dass der Typ, der in einer Präsentation die Stachelschwein-Gestik verwendet, sich gerade sehr konzentrieren muss. Es kann aber auch sein, dass ihm die Situation irgendwie unangenehm ist.

Hände in den Hosentaschen

Menschen mit Händen in den Hosentaschen signalisieren immer sehr ein Laissez-faire. Diese Haltung hat den Sinn, dem anderen eine gewisse Coolness zu vermitteln. Stecken Sie Ihre Hände in die Hosentaschen, können Sie sich gegen tätige Übergriffe etwaiger Keulenträger kaum wehren, denn bis die Hände den Weg aus Ihren Taschen gefunden haben, ist es unter Umständen schon zu spät. Ein Mensch, der das aber trotzdem tut, will dem anderen vermitteln, dass er sich das ungeschützte Hinstellen leisten kann, und dass er stark genug ist, sich gegen andere durchzusetzen; auch *mit* den

Händen in den Hosentaschen. (Der Bequemlichkeits- und Wärmefaktor sei hier einmal ausgeklammert).

Prinz Charles macht diese Geste bei Wohltätigkeitsveranstaltungen in voller Absicht. Damit will er signalisieren, dass die anderen die Scheu vor ihm ablegen sollen. Natürlich gibt es auch Situationen, in denen es vollkommen unpassend ist, die Hände in die Hosentaschen zu stecken – bei einem Bewerbungsgespräch z.B.. Handeln kommt von Hand, und wer seine Hände in den Hosentaschen hat, der will gerade nicht handeln. In einem Bewerbungsgespräch sollte man aber immer handlungswillig sein, also raus damit aus den Taschen.

Übung

Stecken Sie doch einmal bei einer passenden Gelegenheit Ihre Hände in die Hosentaschen. Vielleicht wenn Sie Gäste empfangen, oder wenn Sie in der Handelskammer auf Ihren Gesprächspartner warten, der entscheiden wird, ob Sie das Darlehen von 500.000 Euro für Ihre neue Geschäftsidee erhalten. Besser nicht, oder?

Beobachten Sie in Zukunft noch etwas aufmerksamer Ihre passiven Gesten und auch die Ihres Gesprächspartners.

Also

Jede passive Geste hat eine eigene Aussage. Und doch sagen die meisten Gesten, vor allem diejenigen, die vor dem Bauch gemacht werden, dass derjenige sich aus irgendeinem Grund schützen möchte.

Die Lehrer und Psychologen-Geste ist eine Ausnahme dieser Regel.

Sie erzählen wie Marcel Reich-Ranicki und bewegen sich wie Helmut Kohl: Parallelen und Widersprüche zwischen Wort und Gestik

Erinnern Sie sich noch an die Einleitung? Unter dem Stichwort Menschenkenntnis habe ich erwähnt, dass wir sprachlich jede erdenkliche Lüge artikulieren können. Nichts von unseren Storys muss stimmen.

Körpersprache dagegen lügt nicht, sie gibt uns Hinweise auf den Wahrheitsgehalt einer Geschichte. Denn oft entsteht eine Diskrepanz zwischen dem gesprochenen Wort und der dazugehörigen Körpersprache.

Ich wunderte mich vor kurzem über die Begrüßung eines Redners: „Ich freue mich, Sie alle heute hier, in diesem wunderschönen Palais, begrüßen zu können!" Bei diesen salbungsvollen Worten verzog er griesgrämig das Gesicht, setzte eine fast unsichtbare Gestik ein, die kaum über das Gummi seiner Unterhose heraufreichte. Zusätzlich lehnte er auch noch seinen gesamte Oberkörper nach hinten. Die ganze Erscheinung strahlte so viel Begeisterung aus wie eine schlaffe, vertrocknete Blume, die man vor dem Urlaub vergessen hatte zu entsorgen.

Ein anders Beispiel von *Inkongruenz* lieferte mir vor kurzem die Dame eines Beerdigungsinstituts. Sie hielt eine Trauerrede: „Heute ist kein erfreulicher Tag, denn wir haben uns hier versammelt, um gemeinsam Abschied zu nehmen." Dabei lächelte sie ein aufgesetztes Lächeln, sprach für meinen Geschmack etwas zu schnell, mit der Gestik einer italienischen Mami, die ihre Kinder zum Essen rief. Von innerer Anteilnahme keine Spur!

Auch bei Politikern sind solche Widersprüche oft (zu oft) zu beobachten. So hat eine Partei kurz vor der Wahl beschlossen, dass die Renten nicht gekürzt werden. Ein Politiker dieser Partei erzählt uns auf einer Veranstaltung irgendetwas von „Wir müssen und wir sollen und wir sind felsenfest davon überzeugt und überhaupt ...". Gleichzeitig ist in der Gestik eine verhaltene Ausdrucksweise zu bemerken. Dazu gehören begeisterungslose Augen und ein verklemmtes Lächeln. Dieses Lächeln gleicht eher einer Karikatur als einem Menschen. Überhaupt strahlt die Bewegung nicht gerade die Dynamik eines Ciceros aus. Für den Betrachter entsteht ein unharmonisches Bild dieses Politikers; eben inkongruent. Wenn wir diesen Auftritt als inkongruent wahrnehmen, glauben wir dem Politiker nicht mehr so ohne weiteres. Im weiteren Verlauf beäugen wir ihn dann kritisch und sogar skeptisch.

Wenn wir aber in Verhandlungssituationen erst einmal skeptisch sind, ziehen wir uns zurück und fangen an zu grübeln. Für das gegenseitige Vertrauen ist das keine gute Voraussetzung.

Stellen Sie sich einmal vor, Marcel Reich-Ranicki redete so bedächtig wie seinerzeit Altkanzler Kohl und gestikulierte so ausgefallen, wie Marcel Reich-Ranicki es zu tun pflegt. Das wäre inkongruent! Oder malen Sie sich aus, dass Herr Kohl so schnell spräche, als wäre er in einen Teilchenbeschleuniger gefallen, aber dass er seine zurückhaltende Gestik beibehalten würde. Auch das wäre inkongruent.

Der Zuhörer könnte diese zwei Menschen nicht mehr richtig einschätzen. Intuitiv wissen wir, dass schnelle Sprache und passend schnelle Bewegungen zusammengehören. Wir Menschen lieben alles, was zusammenpasst, was Harmonie vermittelt. Wir können die Situationen, in denen wir uns befinden, dann besser einschätzen.

Es gibt Menschen, die ein sehr „kompliziertes“ Erscheinungsbild haben. Da sitzt dann eine Adlernase unter kleinen zusammengezogenen Augen, und ein leicht verkniffener Mund verziert die untere Gesichtshälfte. Zusätzlich trillert er uns seine Worte mit einer wunderschönen Stimme entgegen, als würden diese durch eine Tube Weichspüler gedrückt, bevor sie das Licht der hörbaren Welt betreten. Einen solchen Menschen können wir nicht richtig einordnen, da das Erscheinungsbild nicht mit der Stimme in Einklang steht. Zu einem Adlergesicht gehört eben auch eine Adlerstimme. Hageres Gesicht und weiche Sprache machen skeptisch.

Menschen, die dagegen eine absolut authentische Ausstrahlung besitzen, sind in ihrer Erscheinung zwar eher langweilig, kommen bei der Masse aber besser an. Hier passt alles so schön zusammen. Ich erwähnte schon: Wir Menschen lieben die Harmonie!

Wenn Sie von einer Sache so richtig begeistert sind, vielleicht von einem Kinofilm, einer Theateraufführung oder dem neuen Gericht

Übung

Ihres Lieblings-Thailänders, und dieses einem Freund schmackhaft machen wollen, achten Sie doch einmal darauf, ob diese Begeisterung bei Ihnen bis in die Gestik hinein sichtbar wird.

Oder beobachten Sie einmal, was passiert, wenn Sie jemandem etwas schmackhaft machen möchten, wovon Sie nicht recht überzeugt sind – wenn Sie etwa Ihr altes, schrottiges Auto verkaufen möchten. Übertreiben Sie dabei so maßlos in Ihrer Gestik, dass Sie sich eigentlich schämen müssten? Das wäre die Verhaltensweise unseres Felizia-Typs. Freddy hingegen würde wohl im Sitzen seine Hände vor lauter Begeisterung unter seine Oberschenkel klemmen, und alle Überzeugungskraft würde nur in Worten und nicht in Gesten gekleidet hinüberkommen.

Also

Harmonie und Stimmigkeit in der Körpersprache machen einen positiven Eindruck. Wenn Sie im Auftreten eines Menschen etwas stört, untersuchen Sie es auf Inkongruenzen. Missverhältnisse in Gesagtem und Körpersprache können darauf hinweisen, dass der Sprechende sich unwohl fühlt oder sogar nicht ganz ehrlich ist. Bei solchen Beurteilungen aber unbedingt auf Signalketten achten!

Von Schnackern und Beherrschten

Einige Menschen haben beim Sprechen eine extrem ausgefeilte Gestik. Andere wiederum halten sich damit eher zurück. Denken Sie noch einmal an unsere Felizia und unseren Freddy aus dem ersten Kapitel. Felizia unterstreicht ihr gesprochenes Wort gestisch. Sie gleicht einem „Schnacker“. Freddy kommuniziert hauptsächlich über das gesprochene Wort und benutzt nur wenig Gestik, um mit anderen Menschen reden. Er ist der Beherrschte.

Trifft Freddy auf Felizia, einen Menschen mit einem starken Fokus auf der körpersprachlichen Ebene, ist es durchaus möglich, dass sie ihn nicht richtig verstehen kann. Für Felizia fehlt bei Freddy die körpersprachliche Dimension, um ihn richtig zu verstehen. Ihr fehlt die Beziehungsebene, die mit der Körpersprache in Verbindung steht. Dieses „Unverständnis" wird deutlich, wenn Sie sich Ihren Partner oder Ihre Partnerin in der folgenden Situation, die wir alle schon einmal erlebt haben, vorstellen:

Sie haben einen kleinen Disput und versuchen Ihrem Partner begreiflich zu machen, warum Sie anderer Meinung sind als er. Sie wiederholen Ihre Erklärungen zu diesem Thema mehrmals, um nach einigen gescheiterten Versuchen entnervt den Raum zu verlassen. Dabei huschen Ihnen Sätze wie diese durch den Kopf oder über die Zunge: „Ich rede wohl Chinesisch!?" oder „Kannst du mich nicht verstehen oder willst du mich nicht verstehen?"

Dieses Problem entsteht zum einen, weil man meistens nur das versteht, was man auch verstehen möchte, und zum anderen, weil Felizias unsere Freddys aufgrund der fehlenden Signale in der Körpersprache nicht verstehen können.

Erwachsene Kinder wollen Mütter, die mit ihren „guten Ratschlägen" aufwarten, häufig gar nicht verstehen. Kindern hört man oft gar nicht erst zu, wenn man die angesprochene Taschengelderhöhung ignorieren will. Sich gegenseitig verstehen *wollen*, weil man es beruflich muss oder weil man ein ernstes Interesse an dem anderen hat, ist aber eine *Grundvoraussetzung* dafür, miteinander auszukommen. Wenn diese Grundvoraussetzung nicht gegeben ist, kann man sich körpersprachlich und auch sprachlich noch so anstrengen, man wird sich nicht verstehen können.

Treffen Sie als Freddy auf einen ähnlich kommunizierenden Gesprächspartner, auf einen Menschen, der auch sehr stark über den Inhalt und weniger über die Körpersprache kommuniziert, werden Sie beide sich gut miteinander unterhalten können. Beide sind es gewohnt, mehr auf das gesprochene Wort zu achten als auf die Körpersprache. Dieses Gespräch wird allerdings, von außen betrachtet, nicht gerade unterhaltsam wirken. Stellen Sie sich ein Gespräch zwischen Schäuble und Scharping unter vier Augen vor! In diesem Fall wäre Unterhaltung auch nicht notwendig. Wenn die beiden aber z.B. in einer Talkshow auftreten möchten, ist es unabdingbar, eine Begeisterung durch Gesten sichtbar zu machen. Wenn Schäuble und Scharping die Wähler von etwas überzeugen wollen, müssen sie gestikulieren.

Haben wir zwei Menschen vor uns, die sich beide auf der körpersprachlichen Ebene wie zuhause fühlen, werden auch diese beiden wenig Kommunikationsprobleme haben. Sie können den Code des anderen lesen, verstehen und darauf reagieren. Martin Walser wird sich körpersprachlich sicher gut mit Reich Ranicki verstehen können, denn sie gestikulieren beide recht viel mit den Händen. Wenn da nicht das Problem der Presse wäre! Sie dürfen sich nämlich nicht verstehen, da den Sendern und Zeitungen sonst der Faktor „Interesse durch Konflikt“ abhanden kommen würde. Beide benutzen viel Körpersprache, nur dass sie unterschiedliche Temperamente haben. Auf diese Temperaments-Typen gehen wir im siebten Kapitel gesondert ein.

Übung

Gehen Sie auf die Suche nach Schnackern und Beherrschten, denn sie sind in jedem Unternehmen zu finden. Wenn Sie diese identifiziert haben, versuchen Sie wieder, Signalketten zu finden, die eine ähnliche Färbung haben. Fangen Sie an, das Mosaik des jeweiligen Menschen zusammenzusetzen. Je länger Ihre Signalkette wird, desto sicherer können Sie sich sein, was der andere für eine Einstellung hat und was er gerade denkt.

Und was ist eigentlich zu tun, wenn wir nun ein Freddy-Typ sind, und sichergehen wollen, dass eine Felizia uns versteht? Zunächst ist es wichtig, zu wissen, dass dieses „Unverständnis“ auftauchen kann. Wenn wir wissen, dass es Schwierigkeiten in der Kommunikation geben kann, können wir auf alle Fälle besser damit umgehen und Missverständnisse immer noch sprachlich wieder „gerade rücken“.

So wie es individuelle Unterschiede in der Gestik gibt, gibt es auch ganz spezielle kulturelle Verschiedenheiten. Jedes Land der

Also

Jeder Mensch hat eine individuelle Gestik. Mit etwas Übung finden wir heraus, welche Gedanken unser Gegenüber gerade hat – allerdings nur, wenn Sie die Gestik differenzierter betrachten und zusätzliche Signale beachten.

Erde hat eine eigene Gestik entwickelt. So war ich einmal bei sehr starkem bis böigem Wind an einem Strand in Spanien, wo ein junger Rettungsschwimmer vom Roten Kreuz einen deutschen Urlauber ziemlich resolut an den Strand zurückwinkte. Das unterstrich er durch wildes Pfeifen auf seiner Trillerpfeife. Der Deutsche verstand lange nicht, was das Rumpelstilzchen am Strand ihm wohl sagen wollte. Erst als seine eigene Frau vom Strand aus die „richtige" Geste machte, verstand er, was gemeint war: „Lebensgefahr – komm aus dem Wasser raus, aber schnell!"

In Deutschland winken wir jemandem mit den Fingerspitzen nach oben heran. Die Spanier tun dies mit den Fingerspitzen nach unten, was bei uns in Deutschland eher den Beigeschmack von „Verzieh dich!" hat. Der Unterschied liegt hier in der Bewegungsintention. Während der Spanier die Luft zu sich heranwedelt, wedelt der Deutsche sie bei „Verzieh dich!" von sich weg. Diese zwei Gesten sind also nur auf den ersten Blick identisch, erst bei differenzierter Beobachtung ergibt sich eine andere Aussage.

Deswegen dachte der Deutsche im Wasser vielleicht, er sollte noch weiter rausschwimmen – doch dabei verstand er nicht das Interesse des Rettungsschwimmers. Deshalb verlegte er sich lieber darauf, das Rumpelstilzchen nicht mehr anzuschauen. Es musste wohl einen anderen meinen!

6. Element, Samstag

Günther Jauch contra Oskar Lafontaine – Die Kopfhaltung und die Mimik

Untersuchungen in der Ausdruckspsychologie haben ergeben, dass nur wenige Sekunden ausreichen, um unsere Mitmenschen über ihre Kopfhaltungen einzuschätzen und einem bestimmten Typen zuzuordnen. Über die Zeit entstand durch unsere Erfahrungen mit anderen Menschen und durch erlerntes Wissen von Eltern, Kollegen und über die Medien ein Beurteilungsraster, das ähnlich der Klischees und „Schubladen" aus dem vierten Element ist. Dieses Raster gibt uns die Möglichkeit, einen anderen Menschen schnell einzuschätzen – das allerdings nur unbewusst.

In der Ausdruckpsychologie spricht man bei diesem Beurteilungsraster von *Stereotypen*. Stereotype sind so etwas wie schablonenhafte Abdrücke von Menschen. Die Stereotypenbildung gibt uns eine Orientierung, einen Anhaltspunkt bezüglich unserer Meinung von unseren Mitmenschen.

Der Politiker Oskar Lafontaine hat wie kaum ein anderer eine arrogante und gleichzeitig intelligente Ausstrahlung. In der Bevölkerung ist er nur bei ein paar Liebhabern seiner Politik anerkannt. Ebenso eindeutig ist die Ausstrahlung von Günther Jauch. In großen Teilen der Bevölkerung gilt er als *der* potenzielle Wunsch-Schwiegersohn.

Auch in diesem Fall hat die Stereotypenbildung zugeschlagen und gereicht Jauch im Gegensatz zu Lafontaine zum Vorteil, denn als Schwarm aller Schwiegermütter hat er die Menge auf seiner Seite. Das liegt nicht zuletzt an seiner Kopfhaltung und am Dackelblick.

Der Kopf steht im Blickfeld des modernen Menschen

In welcher Art und Weise der eigene Kopf auf den Schultern sitzt, steht wie kein anderes Körpersignal im Blickpunkt des modernen Menschen. Durch die tägliche Beeinflussung der Medien, die uns auf Schritt und Tritt verfolgen, sind wir unter anderem deutlichst „kopffixiert".

Abgesehen von Spielfilmen und Fernsehfilmen werden sowohl die seriösen Talkshows wie auch die „Sabbelsendungen", die in vielseitigen bis schwachsinnigen Ausführungen über die Bildschirme flimmern, durch Moderatoren geleitet, die nur *im Porträt*, höchstens aber mit dem Oberkörper im Bild aufgenommen werden. Der Fokus liegt also unwillkürlich auf dem oberen Teil des Menschen, sprich auf der Kopf- und der Oberkörperhaltung. Der Blick des Betrachters wird durch die meisten Kameraeinstellungen auf den Kopf gelenkt. Dadurch ist es auch nicht verwunderlich, dass wir in der Kommunikation vor allem anderen auf den Kopf eines Menschen schauen und nicht auf seine Füße. Hinzu kommt noch, dass das gesprochene Wort nicht aus den Fingern tönt, um seinen Weg nach draußen zu suchen, sondern aus dem Mund, weswegen wir eben in das Gesicht schauen.

Schade, dass der Mensch nur in das Gesicht des anderen schaut – auf die Mimik. Er würde noch so viele andere Körpersignale entdecken, wenn er nur hinschauen würde.

Wie schon gesagt, prägen unsere Sehgewohnheiten, die unter anderem durch das Fernsehen geschult werden, unsere Wahrnehmung, die somit relativ begrenzt ist. Eine Gewohnheit ist nur schwer zu verändern, aber mit ein bisschen Geduld und Übung kann man es schaffen, auch auf den Rest des Körpers zu achten.

Jetzt aber tatsächlich zum Kopf, zu den Kopfhaltungen.

Von arroganten Pinseln und neugierigen Hühnern – Die Kopfhaltungen

Ich habe insgesamt, ähnlich wie bei den Gestenarten, sechs Richtungen herausgenommen, wie man den Kopf senken, neigen, strecken, recken, schieben, heben, hochziehen, kippen und sogar schmeißen kann. Der Kopf kann dort oben auf den Schultern auch thronen, hängen oder sogar herumlungern. Kennen Sie Typen, die beim Gehen den Kopf von der einen Seite zur anderen hinüberlungern lassen und dabei so wackeln, als wenn sie ständig sagen würden: „Weiß auch nicht so genau, und ist mir auch egal!“

Das ist die entgegengesetzte Ausstrahlung eines aggressiven Menschen, der sich gerade ein bestimmtes Vorhaben in den Kopf gesetzt hat und durch nichts auf der Welt davon abzuhalten ist. Das *Wackeln des Kopfes* von einer Seite zur anderen vermittelt den meisten Menschen den Eindruck eines gutmütigen Trottels, der einem keinen Wunsch abschlagen kann und der durch diese offensichtlich nach außen gezeigte Gutmütigkeit schon mehr als einmal *übers Ohr* gehauen wurde. Sein Kopf lungert zwischen seinen Schultern hin und her.

Ich möchte Ihnen die sechs folgenden Kopfhaltungen vorstellen:

- Kopf seitwärts geneigt
  oder gerade auf den Schultern
- Kopf nach oben erhoben
  oder nach unten gesenkt
- Kopf nach hinten gezogen
  oder nach vorne gereckt

Kopf seitwärts geneigt oder gerade auf den Schultern – Geheimnisvolle Lady und sanftmütiger Händler

Der schräge Kopf

Neigen Sie Ihren Kopf schräg zur Seite und tasten Sie nun mit Ihrer Hand Ihre Kehle ab. Was verlaufen dort für Adern?

Rechts und links der Mitte verlaufen unsere Halsschlagadern. Sie sind die Hauptlieferanten für jegliche Art von Rohstoffen wie Blut, Flüssigkeiten, Sauerstoff und vieles mehr. Sie versorgen die „Zentrale“ mit allem, was sie benötigt. Wenn diese Pipeline zusammenbrechen würde, wäre das ungefähr so, als wenn die Vereinigten Arabischen Emirate uns den Ölhahn zudrehen würden.

Mit aller Macht schützen die Ölmultis ihre Ölvorkommen, ebenso wie wir unsere Rohstoffversorgung durch die gerade Kopfhaltung zu schützen versuchen. Das Kinn ist in diesem Fall als Barriere für etwaige Angreifer gedacht, die es auf unsere Pipeline abgesehen haben. Vielleicht hat Michael Schumacher ja deswegen so ein enormes Kinn …

Sie merken sicherlich, dass es in diesem sechsten Element, ähnlich wie beim dritten (der Oberkörperhaltung) und vierten Element (die Sitzarten) wieder um *körpersprachliche Schutzmechanismen* geht.

Erinnern Sie sich an die Typen, die ihren Oberkörper zwischen den Schultern einziehen, um sich nicht vor etwaigen Keulenträgern zu schützen, sondern vor Wortattacken ihrer Mitmenschen?

Öffnen wir den Zugriff auf die Halsschlagader, setzten wir automatisch voraus, dass sich uns ein *friedlich* gesinnter Mensch nähert. Wir zeigen ihm in diesem Moment eine offene, verletzbare und sensible Seite unseres Körpers: den Hals – unsere Pipeline. Natürlich halten wir den Kopf nicht zu jedem Zeitpunkt unseres Lebens schräg, sondern tun dies situationsbedingt. Trotz dieser Tatsache treten auch hier wieder starke Gewohnheiten bezüglich einer bestimmten Körperhaltung in Erscheinung.

Stellen Sie beispielsweise an einen Gesprächspartner die Frage: „Kann ich Ihnen behilflich sein?“, ist Ihr Kopf meistens etwas schräg geneigt, da Sie auf eine Antwort warten. Sie zeigen dem Partner Ihre *Pipeline* und auch Ihr eines Ohr. Sie sind „ganz Ohr“, damit Sie das, was der andere gegebenenfalls antwortet, auch hören können.

Einige Menschen haben eine Vorliebe für diese Kopfhaltung, wobei Frauen diese Haltung (mal wieder!) öfter bevorzugen als Männer. Sie sind, zumindest gesellschaftlich gesehen, die lieblichen und fragenden Geschöpfe, und halten aus diesem Grunde den Kopf schräger. Der schräge Kopf signalisiert dem anderen auch Verbindlichkeit, was nicht automatisch bedeutet, dass Frauen prinzipiell die verbindlicheren Geschöpfe sind. Jeder weiß, was hinter den gesellschaftlichen Kulissen in punkto Mann-Frau-Beziehung passiert und wer das Sagen in der „Höhle“ hat. Manchmal leben in Höhlen auch Drachen, die zu Hause nicht mehr besonders lieblich schauen!

Wir gehen oft eine Art „Deal“ mit den Mitmenschen ein. Der schräge Kopf soll friedliche Absichten signalisieren: „Sieh her, meine *Pipeline* ist in deiner Gegenwart ungeschützt.“ Dieser Mensch möchte keinen Streit und er signalisiert uns mit dieser offenen Körperhaltung, dass er *in Frieden gelassen* werden will. Er sagt: „Tu mir bitte nix, ich tu dir auch nix!“ Das ist ein Handel.

Da sich die Moral aber bei vielen Menschen in die unendlichen Tiefen des Unbewussten zurückgezogen hat, sozusagen in den Keller, interessieren sich immer weniger Menschen für so einen Handel. Sie übersehen dieses Friedensangebot sogar, was wiederum

einen Schock bei dem Händler auslöst. Nicht selten gerät die Kommunikation in ein reptilienhirngesteuertes Missverständnis hinein und endet in Disharmonie. Nur weil der „Kellermoralist" die „weiße Fahne" nicht gesehen oder respektiert hat. Er hat bewusst oder unbewusst gegen ein ungeschriebenes Gesetz verstoßen. Und *Nichteinhaltung von Gesetzen* bedeutet Stress.

Ein *gerader* Kopf dagegen, der im Übrigen bei fast keinem Menschen absolut gerade ist, hat eine sehr neutrale, fast ein wenig geheimnisvolle Ausstrahlung. Die Mona Lisa von Leonardo da Vinci hat eine gerade Kopfhaltung, weswegen sie u.a. den meisten Betrachtern so geheimnisvoll erscheint. Es ist eine abwartende Haltung, ohne jegliche Aktions- und Reaktionsbereitschaft.

Übung

Eine Situation, in der Menschen sehr häufig den Kopf schräg halten, obwohl keine zwingende Veranlassung dazu besteht, ist das Autofahren. Auch das Schlangestehen im Supermarkt oder an der Bushaltestelle ist eine solche Situation. Halten Sie beim Autofahren den Kopf gerne schräg? Sind Sie ein verbindlicher Händler und lieben Sie die Harmonie? Machen Sie sich darüber einmal Gedanken.

Körpersprachliche Bewegungen machen wir nicht willkürlich. Sie entstammen einem Gedanken, einem Gefühl oder einer Gewohnheit.

Den Kopf *ständig* schräg zu halten *entspringt* einer Gewohnheit. Gewohnheiten wiederum sind immer begründet entstanden, aber niemals willkürlich, bewusst. Auch am Kopf, wie in anderen Teilen unseres Körpers, passiert vieles unbewusst. Juckt es uns an der Nase, kratzen wir uns. Jucken ist ein Gefühl und darauf erfolgt eine Bewegung. Halten wir den Kopf schräg, tun wir dies, weil wir dem anderen zeigen wollen, dass wir friedlich sind.

Für Verhandlungssituationen ist es gerade für die meisten Frauen unumgänglich, den Kopf auch einmal gerade zu halten, um „Aufrichtigkeit“ zu signalisieren – spätestens bei den Preisverhandlungen. Schauen Sie dem Verhandlungspartner ohne Umschweife direkt in die Augen. Geben Sie nicht zu sehr nach, Sie wollen schließlich etwas erreichen! Es gilt, so wenig Angriffsfläche wie möglich zu bieten und bloß nicht zu viel Verbindlichkeit zu zeigen (mit schrägem Kopf), besonders wenn Sie schon unter Ihr Limit gerutscht sind. Irgendwann ist Schluss mit lustig!

Der gerade Kopf

Haben Sie manchmal den Eindruck, dass man Sie nicht versteht? Das sieht man z.B. an hochgezogenen Augenbrauen, leicht geöffneten Augen und einem leicht geöffneten Mund. Gehören Sie unter Umständen zu den Menschen, die ihren Kopf immer absolut gerade halten, auch wenn Sie mit jemandem ein freundschaftliches Gespräch führen? Sie schaffen es nicht, ab und an verbindlich zu nicken?

Das sollten Sie aber tun, oder Sie sollten wenigstens den Kopf ein wenig zur Seite neigen. Dann erst bemerkt der andere, dass Sie ihm zuhören. Das nennt man Feedback geben. *Zeigen Sie* ab und zu mal *die offene* Seite, leihen Sie dem Gegenüber Ihr Ohr oder noch besser, nicken Sie sachte mit dem Kopf. Vielleicht liegt es ja an Ihrem *zu* geraden Kopf, dass man Sie manches Mal nicht einschätzen kann.

Wir Menschen wünschen uns ein Feedback auf die eigene Erscheinung. Wenn uns jemand nur „anglotzt“, ohne eine Reaktion auf das, was wir gesagt haben, fühlen wir uns nicht wahrgenommen. Wer findet es schon toll, durch die Welt zu spazieren, ohne eine Wirkung zu hinterlassen? Bewegung erzeugt Wirkung, auch wenn es nur die Bewegung des Kopfes ist.

Ein schönes Beispiel für so einen mustergültigen *Freddy*, der es nicht einmal schafft, durch ein Nicken seine Rückmeldung zu zeigen, ist ein Pokerspieler. Er beobachtet jedes kleinste Körpersignal des Mitspielers und bewegt sich nur minimal, um sich bloß nicht durch Körpersignale, wie mit Augenzwinkern oder die Lippen einzuziehen, zu verraten. Er will den anderen im Unklaren über die eigenen Absichten lassen. Beim Pokerspielen ist das o.k., aber in der Kommunikation ist dieses Verhalten nicht besonders hilfreich – höchstens nach dem Motto: Freie Fahrt für Missverständnisse!

Also

Wenn jemand seinen Kopf leicht schräg hält, signalisiert dies Offenheit. Hält jemand seinen Kopf allerdings sehr häufig schräg, kann es sein, dass er als naiv eingestuft wird und man ihm nachsagt, dass ihm der nötige „Biss" fehlt, um sich durchzusetzen. Natürlich ist es ratsam, auch hier wieder nach einer Signalkette Ausschau zu halten. Zu dieser Kopfhaltung gehört vielfach ein *leichtes Lächeln* und ein *nickender Kopf*.

Halten Sie den Kopf gerne gerade, wirken Sie neutral, aber auch passiv und indifferent. Es kann sogar ein wenig geheimnisvoll erscheinen. Denken Sie nur mal an die Mona Lisa von Leonardo da Vinci.

Kopf nach oben erhoben und nach unten gesenkt – arroganter Pinsel und schüchterner Dackel

Der erhobene Kopf

„Erhobenen Hauptes schritt er durch das Portal und das Volk lag ihm zu Füßen." Bei so einem Satz erscheint in der Vorstellung ein selbstbewusster Feldherr. Er ist sich seiner ruhmreichen Taten voll bewusst und stolz darauf. Sein Kopf ist leicht nach oben erhoben und sein Blick wirkt so durchdringend, als wolle er dieses Portal Kraft seines Blickes dazu bewegen, sich ihm zu öffnen.

Ist der Blick aber nicht durchdringend, sondern cool und etwas überheblich (1. Signal), der Mund ein wenig brüskiert verzogen (2. Signal), die Nase gerümpft (3. Signal), das Standbein hinten und das Spielbein so weit nach außen gestellt, dass man seine gesamte offene Seite sehen kann (4. Signal), und sind zu guter Letzt auch noch die Hände von den ansonsten an der Seite herabhängenden Armen vom Körper abgespreizt (5. Signal) – dann kann man schon *fast* davon ausgehen, dass man es mit einem arroganten Pinsel zu tun hat.

Nun heißt es, mit dem vermeintlich arroganten Pinsel ins Gespräch zu kommen. Da wird der Eindruck dann entweder bestätigt oder verworfen. Arrogant wirkt man in den meisten Fällen durch einen leicht erhobenen Kopf, doch das muss natürlich nicht der Wahrheit entsprechen. Als erhoben bezeichnen wir einen Kopf übrigens bereits, wenn er um etwa zwei cm angehoben ist, dafür muss man nicht an die Zimmerdecke schauen.

Es kann aber auch sein – und diese Möglichkeit besteht bei jeder Interpretation von körpersprachlichen Signalen –, dass diese Kopfhaltung mit einer rein körperlichen Schwäche zu tun hat, beispielsweise mit einer Behinderung der Augen. Dann macht man einen langen Hals, um besser erkennen zu können, mit wem oder was man es zu tun hat. Es sind übrigens sehr viele Menschen – mehr als wir glauben – an der Schilddrüse erkrankt. In diesem Fall *kann* der vermeintlich arrogante Pinsel seinen Kopf gar nicht nach unten neigen, da es am Hals, an der Schilddrüse, zu sehr drücken würde. Wieder einmal aufgepasst! Körpersignale können also durchaus auch durch körperliche Leiden und Gebrechen entstehen.

Warum Oskar seinen Kopf immer ein wenig zu hoch hält und dadurch auf die meisten Menschen einen arroganten Eindruck macht, könnten wir unter Umständen von seinem Arzt erfahren! Ich glaube aber eher, dass er sich ein wenig größer machen möchte, indem er den Kopf hebt – er gehört eher zu den kleineren Zeitgenossen.

Das „Größen-Phänomen“ ist übrigens eines, das ich bei vielen kleineren Männern beobachten konnte. Kennen Sie das Spiel aus der Kindheit: „Wer ist größer?“ Man stellt sich Rücken an Rücken, macht sich so lang, wie es nur geht, indem man sich entweder auf die Zehenspitzen stellt oder seinen Hals lang macht und sein *Kinn* hebt. Dass man dadurch nicht real größer wird, ist klar, aber einige Männer *fühlen* sich dann größer – und darauf kommt es an.

Der gesenkte Kopf

Der wirklich schüchterne und scheue Mensch senkt seinen Kopf. Auch er entzieht sich der unmittelbaren Kommunikation, indem er seinen Kopf nach unten neigt, was aber nicht heißt, dass er seine Augen immer mit hinunter senkt. Auch der Schüchterne möchte schließlich wissen, was in der Welt vor sich geht.

Durch dieses inkongruente Verhalten (Kopf senken und trotzdem die Augen auf die Umwelt richten), entsteht der Eindruck einer gewissen Verschlagenheit oder Hinterlistigkeit. Man könnte behaupten, dass dieser Mensch den Anschein vermitteln möchte, als würde er sich *nicht* am Umweltgeschehen beteiligen, in Wirklichkeit aber aktiv dabei ist, seine Umwelt zu beobachten. So wie ein Spitzel. Denken wir an die Aufgabe eines KGB- oder CIA-Agenten oder auch nur an die Hausdetektive, die Ehemänner beschatten. Ein guter Spitzel sollte immer genau wissen, was gerade vor sich geht, muss aber gleichzeitig den Eindruck eines unaufmerksamen Menschen vermitteln, damit er seine Umwelt in dem Glauben wiegt, dass er nicht hinschaut. Diese Sehgewohnheit wirkt auf manche Menschen durchaus ein wenig heimtückisch und hinterlistig.

Es kann aber auch sein, dass es ein Mensch aus einer seelischen Schwäche heraus tatsächlich nicht fertig bringt, in den unmittelbaren Kontakt zu seinem Gegenüber zu treten – er ist eben schüchtern. Warum jemand schüchtern ist, ist ebenfalls eine Frage, die wir nur aus dem Gespräch heraus beantworten können.

Einige Menschen benutzen das „Köpfchensenken“ auch strategisch, um von anderen Menschen etwas zu erhalten, wie z. B. Zuneigung oder Aufmerksamkeit. Diese Kopfhaltung soll dem anderen vermitteln: „Ich bin klein, mein Herz ist rein, will niemand gehören als dir allein.“ Im Kern sagt dies nichts anderes als: „Bitte hilf mir!“ Prinzessin Diana war berühmt für diesen Augenaufschlag mit gesenktem Kopf, der auch gerne als „Dackelblick“ bezeichnet wird. So wird das Helfersyndrom des Gegenübers aktiviert und gerne auch ausgenutzt. Was früher als Kind so gut geklappt hat, funktioniert auch oft als Erwachsener noch, und es ist ja auch vollkommen legitim. Nur wenn diese Strategie irgendwann einmal nicht mehr funktioniert, sollte man sich Gedanken machen, ob man sich nicht auf eine andere verlegt, wie z. B. einfach nur *erwachsen zu werden*.

Denken Sie einmal an einen kleinen Jungen. Er hat gemerkt, dass er viel mehr erreichen kann, wenn er sein Köpfchen schüchtern neigt, als wenn er geradeaus schaut. In diesem Moment spricht er das Helfersyndrom von Mama oder Papa an. (Von wem will wohl Günther Jauch Hilfe haben, wenn er dem Gast auf dem „Wissensstuhl“ gegenübersitzt?)

Nun wird dieser Junge älter, fängt an zu pubertieren und schafft es mit der Dackelblick-Strategie, eine Menge Aufmerksamkeit und Zuneigung von zahllosen Mädchen auf sich zu ziehen. Mädchen sind dazu prädestiniert, bei diesem Blick helfend zur Seite zu stehen. Das entspringt ihrem angeborenen Mutterinstinkt. Natürlich mischt sich bei dem Pubertierenden jetzt ein gewisser Charme mit in den Ausdruck von Schüchternheit, wovor vor allem junge Mädchen nicht die Augen verschließen können.

Er reift nun zum Mann heran und arbeitet irgendwo in einer Firma. Die Frauen in seiner Abteilung springen nach wie vor auf den Dackelblick an, nur bei den männlichen Kollegen wird es jetzt natürlich problematisch. Der Vaterinstinkt, in diesem Fall der seiner Kollegen, hat nicht annähernd so eine Haltbarkeitsdauer wie der Mutterinstinkt. Er wird sogar nicht selten durch den „Nebenbuhlerinstinkt“ ersetzt. Dieser Junge, später dann der Mann, unterscheidet nicht zwischen Männern und Frauen, denn seine Strategie des *Köpfchensenkens* entspringt aus einer unbewussten Gewohnheit.

Es kann also sein, dass dieser Mann Probleme mit anderen Männern bezüglich seines Kommunikationsverhalten bekommen wird. Die logische Folge daraus ist, dass er sich statt mit Männern lieber mit Frauen freundschaftlich verbindet. Er geht auf keinen Fall zum Männer-Stammtisch, er geht stattdessen lieber mit Frauen ins Theater. Mit der Zeit entsteht durch die subjektive Erfahrung, dass Frauen ihn besser verstehen als Männer, eine ganz persönliche Wahrnehmung von der Umwelt. Das ist eine typische Situation, in der Selbst- und Fremdbild nicht übereinstimmen. Er weiß nicht, wie sein Verhalten auf andere wirkt, und dass es in seinem Alter in bestimmten Situationen nicht mehr passend ist, sich so zu verhalten.

Auch Frauen benutzen diese Strategie gerne, nur dass bei den Männern in dem Fall nicht der Mutterinstinkt, sondern der Beschützerinstinkt angesprochen wird: „Komm, Kleine, ich beschütze dich!“ Auch Frauen können an den Punkt gelangen, an dem ihre Strategie nicht mehr funktioniert, und sie müssen sich ebenso wie die Männer auf eine neue Strategie verlegen – oder eben auch einfach nur auf das *Erwachsenwerden*. Erwachsen werden kann man auch mit einer kindlichen Ausstrahlung, und das wird sogar von den meisten Menschen als angenehm empfunden.

Die Fähigkeit, zu wissen, wann man welche Strategien einsetzt, ist in einer Zeit, in der es darum geht, möglichst flexibel auf ständig wechselnde Situationen und Mitmenschen zu reagieren, eine Notwendigkeit. Noch vor wenigen Jahren war es üblich, über Jahrzehnte hinweg ein- und denselben Kollegen oder auch denselben Partner zu haben. Heute stehen diese Beziehungen auf wackeligem Boden, und wir stehen in der Pflicht, uns *ständig* auf neue Begegnungen einzustellen, wofür wir früher unbegrenzt Zeit zur Verfügung hatten.

Der scheue Blick impliziert fast immer die Kleinmädchen- und Kleinjungen-Ausstrahlung, und das ist ein sehr starkes Signal, das schon fast für sich alleine stehen kann. Natürlich gibt es, wie schon erwähnt, auch Menschen, die schlicht und einfach nur schüchtern sind, wenn es um den Kontakt zu anderen Menschen geht, und die mit diesem Blick gar nichts erreichen wollen. Sie ziehen sich aus der gemeinsamen Kommunikationsebene heraus, indem sie den Kopf nach unten neigen. Sie bringen die innere Kraft nicht auf, dem anderen mit Blicken zu begegnen.

Übung

Heben Sie Ihren Kopf ein wenig nach oben, sodass Sie das Gefühl haben, dass er *zu hoch* ist. Achten Sie jetzt darauf, wenn Sie sich auf den Weg zur Küche machen, dass Sie die Augen nicht zur Decke heben. Die Augen müssen nach vorne schauen, denn sonst stoßen Sie gleich an die Wand und stellen eine Kopfhaltung dar, die in der Kommunikation mit anderen nicht von Vorteil ist – es sei denn, Sie haben Spinnweben an der Decke entdeckt.

Bei den meisten Menschen wird in dieser Übung das Gefühl von einer inneren Überlegenheit oder des Stolzes entstehen. Bei manchen aber führt dieses Heben des Kopfes zu einer Begleiterscheinung: Sie fühlen sich selbstbewusst. Bewegen Sie sich mit dieser Kopfhaltung ein wenig durch den Raum.

Jetzt *senken* Sie Ihre Augen und schauen auch in dieser Kopfhaltung geradeaus und nicht auf den Boden. (Sonst sieht es so aus, als wenn Sie Staubmäuse auf dem Fußboden entdeckt haben). Diesmal wird sich bei den meisten das Gefühl von Schüchternheit einstellen, das einer nicht gerade von Selbstbewusstsein strotzenden Gestalt zu Eigen ist. Es fühlt sich an, als ob Sie von Selbstzweifel geplagt werden oder sich für etwas Bestimmtes schämen.

Machen Sie sich einmal den Spaß und fordern Sie Ihren Partner oder jemanden aus Ihrem Freundeskreis zu der folgenden Übung auf: Er soll, wobei er den Kopf ein wenig senkt, an Ihnen vorbeigehen. Bei diesem Gang soll er aus den Augenwinkeln zu Ihnen hinüberschauen. Auf keinen Fall darf er seinen Kopf in Ihre Richtung wenden. Nur die Augen. Und?

Also

Verallgemeinert kann man sagen: Menschen mit einem erhobenen Kopf und der dazugehörigen Signalkette wirken arrogant und überheblich, mit einer anderen Signalkette jedoch selbstbewusst und von sich überzeugt.

Menschen, die den Kopf nach unten neigen, wirken oftmals schüchtern und mit der dazugehörigen Signalkette auch mal verschlagen oder listig, jedoch auf keinen Fall selbstbewusst. Eher ängstlich.

Die Dackelblick-Strategie ist im Übrigen eine der beliebtesten Strategien, um etwas zu bekommen. Und bekommen will immer jeder etwas!

Kopf nach hinten gezogen oder nach vorne gereckt – skeptischer Torero oder neugieriges Huhn

Der nach hinten gezogene Kopf

Stellen Sie sich vor, jemand hat Ihnen gerade erzählt, dass Sie der dümmste Mensch auf Erden sind. Und wenn Blödheit einen Oskar einbringen würde (nicht Oskar Lafontaine), dann hätten Sie ihn gewonnen!

Sie haben jetzt zwei körpersprachliche Möglichkeiten, bei dieser Person nachzufragen, wie er das wohl meint, und somit auch zwei Möglichkeiten, wie Sie darauf reagieren können. (Das Reptiliengehirn würde allerdings nicht fragen, sondern würde als dritte Möglichkeit, die Faust ballen und ausfahren).

Erste Möglichkeit: Sie ziehen Ihren Kopf *nach hinten* und blubbern dabei folgenden Worte: „*Was* haben Sie gerade gesagt?“

In dieser Frage und dem dazugehörigen körpersprachlichen Ausdruck verbirgt sich ein wenig Skepsis. Eine dazugehörige Signalkette könnte sein, dass Sie Ihre Augenbrauen zusammenziehen, die Nase leicht rümpfen, den Mund ein wenig öffnen und die

Hände an die Hüften legen. Dieses Gesamtmosaik transportiert den Eindruck von Skepsis.

Es gibt Menschen, die tagein, tagaus mit dieser Körperhaltung herumlaufen. Es müssen nicht alle Merkmale voll ausgeprägt sein, aber dieser Typ hat zumindest den Kopf als natürliche Haltung eher im hinteren Bereich. Der hintere Bereich ist, wie wir schon bei der Oberkörperhaltung gesehen haben, der Distanziertheit zugeordnet und strahlt somit immer auch eine gewisse Unnahbarkeit aus: den Wunsch nach Abstand. Natürlich wollen wir erst einmal Abstand von einem Menschen, der uns soeben mitgeteilt hat, dass wir der dümmste Mensch auf Erden sind!

Menschen, die ihren Kopf in dieser Art nach hinten, sozusagen gegen eine imaginäre Wand lehnen, haben kein besonders großes Bedürfnis nach Nähe. Sie sind sogar darauf bedacht, in der Kommunikation lieber auf Abstand zu gehen. Diese Typen glauben nicht sofort alles, was man ihnen erzählt, und es ist sehr schwer, sie „hinter dem Ofen hervorzulocken" – geschweige denn, sie von etwas zu überzeugen. Zugegeben, ich würde es auch nicht sofort glauben, wenn mich jemand als dummen Menschen bezeichnen würde! *Diese* notorischen Skeptiker aber behandeln fast *alle* Fragen, die man ihnen stellt, als habe man gerade etwas ganz und gar Abwegiges an sie herangetragen – auch wenn man sie nur fragt, ob sie mit in die Kantine kommen möchten.

Gleichzeitig mit dem Kopf schiebt sich der Oberkörper in dieser Haltung ein wenig nach vorne, ein wenig wie bei einem Torero. Die Skeptiker bewahren immer Haltung und bisweilen wirken sie ein wenig bockig und sturköpfig.

Der nach vorne gereckte Kopf

Nun, es fehlt uns noch die zweite Möglichkeit, wie Sie auf die Behauptung reagieren können, dass Sie einen Oskar für Blödheit verdient hätten. Sie fragen wieder: „Was haben Sie gerade gesagt?" Dieses Mal aber reckt sich beim Sprechen Ihr *Kopf nach vorne.* Neugieriges Huhn?

Wenn Sie jetzt auch noch den Kopf ein wenig schräg legen, die Augen aufreißen und freundlich dabei lächeln, haben Sie vielleicht auf Ihren Ohren gesessen, als der andere Sie für dumm erklärte. Sie haben ihn wohl *akustisch* nicht verstanden. Mit dieser Kopfhaltung wirken Sie immer neugierig oder interessiert, aber auf keinen Fall skeptisch. Menschen, die so eine Kopfhaltung bevorzugen, sind von ihrem Temperament her aufgeschlossen. Neues spricht sie an und sie lassen sich schnell von etwas überzeugen. Sie verfallen schnell in Begeisterung. Auch ist ihre Gestik sehr lebendig und aktiv, und nicht selten können diese Menschen schnattern, dass einem Hören und Sehen vergeht.

Solche Menschen suchen die Nähe zum anderen, und es kann passieren, dass sie vor lauter Enthusiasmus nicht bemerken, dass sie z.B. dem Skeptischen gerade zu nahe auf den Pelz gerückt sind. Der zieht sich daraufhin unter Umständen noch deutlicher hinter seine *Glaswand* zurück, als er das sonst tut.

Neugierige Hühner – das ist liebevoll gemeint – sind gesellig und gesprächig und besitzen häufig ein *sanguinisches* Temperament. Darüber erfahren Sie im nächsten Element noch mehr.

Übung

Wichtig ist für die nächste Übung, dass Sie Ihren Kopf beim Zurückziehen nicht versehentlich hochziehen, sondern ihn *gerade lassen* – als ob Sie Ihr Kinn in den Hals einfahren wollten.

Führen Sie diese Übung einmal aktiv durch. Jemand hat Sie einen Blödmann genannt. Sie glauben nicht, was Sie da gerade gehört haben, und erwidern: „Wie bitte?" Ziehen Sie Ihren Kopf dabei nach hinten.

Jetzt das gleiche Spiel noch einmal, nur dass Sie den Kopf nach vorne recken. Testen Sie den Unterschied dieser beiden Haltungen. Und?

Also

Zusammenfassend können wir sagen, dass ein Mensch, der seinen Kopf eher im vorderen Bereich hält, Ihrer Idee gegenüber prinzipiell aufgeschlossen und neugierig ist. Jemand, der seinen Kopf im hinteren Bereich hält, ist dagegen eher skeptisch. Wird diese Kopfhaltung zur Gewohnheit, lässt sich daraus auf ein aufgeschlossenes bzw. skeptisches Naturell schließen.

Ach so, deswegen! – Die Mimik

Die Mimik ist ein weites Feld. Sie beinhaltet Millionen von Varianten, die unsere Gefühle und Gedanken offenbaren. Aufgrund dessen existiert auch ein spezieller Wissenschaftszweig über dieses Thema: die Physiognomie.

Die Physiognomie beruht hauptsächlich auf den genetischen Voraussetzungen, mit denen ein Mensch ins Leben startet. Dazu gehören hoch liegende Wangenknochen von Oma, große Augen von Opa und auch dieser „Zinken" von Papa.

Zusätzlich entsteht aber auch *situationsbedingte* Mimik, die weniger mit der Genetik zu tun hat als mit der momentanen Befindlichkeit eines Menschen. Dazu gehören mimische Signale, wie z.B. ein Lächeln oder das Naserümpfen. Die Mimik ist in millionenfacher Ausfertigung zu entdecken, und es ist nicht möglich, sie in ein paar Zeilen zu beschreiben. Ich werde deswegen im Folgenden nur auf die stärksten mimischen Signale eingehen, die aus einer *situationsbedingten* Gefühlsregung heraus entstehen.

Die *situationsbedingte* Mimik entsteht durch das Reagieren auf einen bestimmten Umstand. Wenn Sie immer wieder auf denselben Umstand reagieren, z.B. auf den Geruch der stinkenden Müllverbrennungsanlage in der Nähe Ihres Elternhauses, entsteht eine

Gewohnheit in der mimischen Bewegung. Gewohnheiten drücken sich gerne in unserem Gesicht aus. Die Situation lässt Sie auf den Gestank reagieren. Wenn es also stinkt, drücken Sie dies immer auf dieselbe Art aus. Sie rümpfen auf Ihre ganz eigene Art die Nase.

Oder denken Sie nur einmal an die mehr oder weniger vorhandenen Falten in unserem Gesicht. Sie sind nicht entstanden, weil eine Laune der Natur sie in unser Gesicht gezaubert hat, sondern sie haben sich durch das jahrelange Benutzen einer bestimmten Muskelpartie ausgeprägt – durch Gewohnheiten. Der Skeptiker hat seine Falten als senkrechte Linien zwischen den Augenbrauen. Das neugierige Huhn hat seine Falten als waagerechte Linien mitten auf der Stirn.

Wir müssen also zwischen genetisch vorgegebenen Signalen (wie den hohen Wangenknochen von Oma, die man höchstens durch einen Boxkampf verändern kann) und den mimischen Signalen, die über einen gewissen Zeitraum durch die tausendfache Benutzung unserer Muskelpartien entstanden sind, unterscheiden.

Übrigens

Die Nerven und Muskeln, die unsere mimischen Regungen erzeugen, sind nur ein paar Zentimeter von unserer Zentrale, dem Gehirn, entfernt. Deshalb können mimische Äußerungen auch unmittelbar und schnell in Erscheinung treten.

Wir können aber unsere Mimik auch am ehesten von allen körpersprachlichen Reaktionen beherrschen – so wie der Pokerspieler. Wenn für ihn „verschmitzt blicken“ angesagt ist, dann lächelt er eben verschmitzt, und wenn von ihm „enttäuscht blicken“ verlangt wird, dann blickt er eben enttäuscht. Mimik ist bis zu einem recht hohen Grad manipulierbar!

Die Bewegungen der Füße sind im Gegensatz dazu sehr weit von der Zentrale entfernt, so dass wir viel mehr Zeit benötigen, um auf einen Reiz zu reagieren, aber auch um einen Reiz nach außen abzugeben. Der Befehl von der Zentrale zur Peripherie dauert also länger, als der von der Zentrale in die Mimik.

Durch diesen Umstand ist es nicht weiter verwunderlich, dass alle Körpersignale, die etwas weiter von der Zentrale entfernt sind, auch sehr viel unbewusster sind als die Mimik und damit auch weniger manipulierbar – z. B. nach innen stehende Fußspitzen. Dieses Signal ist sehr viel wahrhaftiger als ein mimisches, weil es eben nicht so leicht manipulierbar ist. Deshalb möchte ich Sie bitten, bei Ihrer Beurteilung der Körpersprache nicht nur auf die Mimik zu achten! Wenn wir uns nur auf die Mimik verlassen, bemerken wir die „wahre" Einstellung eines Menschen nicht schnell genug. Gewöhnen Sie sich deshalb an, auch auf die nichtmimischen körpersprachlichen Signale zu achten.

Die Unbewusstheit der körpersprachlichen Reaktionen erklärt übrigens auch die Schwierigkeit, sich körpersprachlicher Gewohnheiten, wie beispielsweise einer gewissen Körperhaltung, zu entledigen oder eine neue anzunehmen – z. B. statt krumm in Zukunft gerade und aufrecht zu stehen.

Ich möchte Ihnen die Mimik-Arten nun anhand der folgenden Gesichtspartien vorstellen:

- Das Kinn
- Der Mund
- Die Nase
- Die Augen

Das Kinn

Das Kinn ist ein Bestandteil unseres Unterkiefers. Es ist gemeinsam mit den Wangenknochen und der Stirn die härteste Gesichtspartie, die wir zu bieten haben. Das Kinn können wir nach vorne und hinten schieben. Das gelingt uns weder mit der Stirn noch mit den Wangenknochen, denn diese gehören in den Bereich der Physiognomie, während ich das Kinn eben dem körpersprachlichen Bereich zuordne. Das *Nach-vorne-Schieben* des Kinns vermittelt eine gewisse Willensanstrengung und bei entsprechender Signalkette auch eine gewisse Aggression.

Wenn wir es nach hinten schieben, vermittelt es uns eine Form von Willenlosigkeit.

Das Kinn ist also variabel in seiner Bewegung, was somit die Aussage zulässt, dass der körpersprachliche Ausdruck aus einer bestimmten Einstellung entstanden ist und dass *wir* diese willentlich verändern können. Im deutschen Sprachgebrauch spricht man bei einem vorgeschobenen Kinn auch von einem *energischen Kinn*, was eben durch das Nach-vorne-Schieben ausgedrückt wird. Im Gegensatz dazu sieht ein Kinn, das zurückgenommen wird, immer etwas debil, etwas „doof“ aus. Das kann durch einen offenen Mund noch verstärkt werden.

Übung

Schieben Sie Ihr Kinn doch einmal so weit nach vorne, bis es in den Ohren „piepst“, und dann wieder extrem weit zurück. Versuchen Sie, den Unterschied zwischen diesen beiden Kinn-Haltungen herauszubekommen. So wie es sich bei Ihnen anfühlt, so sieht es in den meisten Fällen von außen auch aus. Überprüfen Sie das dann im Spiegel.

Der Mund

Der Mund ist ein weicher Fett- und Muskelhaufen und hat unendlich viele Möglichkeiten, sich zu artikulieren. Er kann schmollen; jammern; beleidigt sein; verbissen, aggressiv, säuerlich, erstaunt und freundlich lächeln; gackern und herzhaft lachen; und er kann Zähne zeigen.

Schauen wir uns einmal den lächelnden, säuerlichen, zugekniffenen und den geschürzten Mund eines Menschen an: Wenn wir lächeln, aktivieren wir Muskelpartien, die senkrecht an unseren Mundwinkeln verlaufen. Wenn wir säuerlich dreinschauen, werden die Muskelpartien unterhalb der Mundwinkel aktiviert.

Wenn Sie also beispielsweise ein Typ sind, der viel lacht und eine positive Lebenseinstellung besitzt, sind die oberen Muskeln sehr aktiv und dadurch auch immer in Aktion. Für den Außenstehenden wirken Sie immer freundlich, auch wenn Sie gerade nichts zu lachen haben. Denken Sie an die Mona Lisa. Ihr Mund wird von einem geheimnisvollen Lächeln umspielt, das man mehr erahnt, als es wirklich zu sehen.

Sind Sie aber ein Typ, der das Leben als harte Arbeit betrachtet, der in seinem Leben vielleicht sehr viel Leid erlebt hat und dem durch äußere wie durch innere Erlebnisse das Lachen vergangen ist, sind die unteren Muskeln in Aktion. Auch das können Ihre Mitmenschen an Ihrem Gesicht ablesen. Diese Typen wirken immer etwas miesepetrig, auch wenn sie gerade erfahren haben, dass ihre Enkelin das Abitur bestanden hat.

Der Mund steht in unserem europäischen Kulturraum wie kein anderes Körperteil mit dem Ausdruck unseres Gefühls in Zusammenhang, was durch die Tatsache, dass wir mit dem Mund auch küssen, durchaus bestätigt wird. Alles, was mit unseren Gefühlen zu tun hat, spiegelt sich in unserem gestalteten Mund – nicht in unserem genetisch vorbestimmten Mund. Das ist ein Unterschied, den wir aber nur bei genauerer Beobachtung herausfiltern können. Seien Sie also vorsichtig, dass Sie diese zwei Arten von Mimik nicht verwechseln!

Übung

Nehmen Sie sich vor, an einem bestimmten Tag nur freundlich zu gucken und sogar zu lächeln. Das Feedback darauf ist wirklich sensationell.

Oder lachen Sie aus dem Stehgreif einen Miesepeter an. Das ist sehr amüsant, denn der richtige Miesepeter hat kaum Muskelkraft für das Lachen, und die unteren Muskeln haben sich schon in Form von Falten in der Haut eingegraben. Das sieht dann immer sehr lustig aus, wenn so ein Miesepeter wirklich lacht – irgendwie verschroben und anrührend.

Dann ziehen Sie einen Tag lang, so lang es Ihnen möglich ist, ein Miesepeter-Gesicht und beginnen so den Tag mit Ihren Mitmenschen. Da schlägt Ihnen ein völlig konträres und vollkommen anderes Feedback entgegen.

Wenn Sie am ersten Tag, dem „Lächel-Tag“, von Mitmenschen auf Ihre erfreuliche Gefühlslage angesprochen werden, gehören Sie wohl zu den Menschen, die *nicht so häufig* freundlich dreinschauen. Sonst wäre es den anderen doch nicht so aufgefallen. Werden Sie aber am zweiten Tag, dem „Miesepeter-Tag“, angesprochen, ist es ein Kompliment für Sie, denn Ihre Mitmenschen meinen dann sicherlich, dass irgendetwas bei Ihnen heute nicht in Ordnung ist.

Der verkniffene Mund und der Kussmund

Wenn wir auf unseren Lippen herumbeißen, beschäftigt uns eine Gefühlsangelegenheit, und es kann sogar sein, dass wir sehr verbissen an einer Sache festhalten. Wenn wir dieses Festhalten zu unserer Gewohnheit machen, bilden sich die Lippen dementsprechend nach. Wir ziehen dann permanent die Lippen ein. Im Sprachgebrauch spricht man dann von dem „verkniffenen Mund.“

Lassen wir unseren Gefühlen dagegen freien Lauf und sind sogar ein sinnlicher Mensch, sind unsere Lippen unverkrampft und nicht nach innen gezogen. Sie sind locker und vielleicht sogar ein wenig aufgeplustert, geschürzt. Im Sprachgebrauch nennen wir das den „Kussmund“. Beim Küssen sind wir nur im Gefühl, während der Kopf im Urlaub zu sein scheint – womit wir die Verbindung zwischen Gefühl und Lippen einmal mehr hergestellt haben.

Übung

Machen Sie einmal einen Kussmund, nehmen Sie dann wieder ein wenig Spannung heraus und betrachten sich jetzt im Spiegel. Dann das Gegenteil: Kneifen Sie die Lippen zusammen, so als wollte kein Wort über Ihre Lippen huschen. Und?

Die Nase

„Wie die Nase des Mannes, so sein Johannes“ ist ein beliebter Aberglaube. Ob die Nase gewisse Größenordnungen widerspiegelt, soll dahin gestellt sein. Fest steht: Die Form der Nase hat nichts mit unserer Einstellung zum Leben zu tun, da wir unsere Nase, ähnlich wie die Ohren, Wangenknochen etc., nicht verändern können. Das Einzige, woran wir eine Befindlichkeit oder eine momentane Einstellung ablesen können, ist, wenn jemand die Nase rümpft. Das tun wir in der Regel immer dann, wenn uns etwas stinkt. Ob das nur mental oder rein geruchsmäßig so ist, muss anhand einer Signalkette entschieden werden. Das Naserümpfen deutet nur darauf hin, dass es in der Nähe stinkt. Mundgeruch?

Übung

Rümpfen Sie einmal die Nase. Sag ich doch, es stinkt!

Die Augen

„Die Augen sind die Fenster zur Seele.“ An diesem Ausspruch ist viel Wahres dran. Wenn wir andere anschauen, können diese schon sehr unterschiedliche Augen haben. Dabei lassen wir wieder die genetischen Vorraussetzung außer Acht: Form, Farbe und Größe gehören in den Bereich der Physiognomie und sind hier nicht Thema.

Das Spiel mit den Augen und den Augenbrauen sowie ihr Ausdruck soll unser Fokus sein. Dieses Spiel mit den Augen nennen wir den Blick. Es gibt einen erstaunten und einen kritischen Blick, einen fiesen, kalten, leidenden, überraschten, leidenschaftlichen, feurigen, nachdenklichen, freudigen, neugierigen, gleichgültigen, gefühllosen, matten, ängstlichen, stumpfen und einen abschätzenden Blick; und alle diese Ausdrucksformen haben eine Beziehung zu unserer Lebenseinstellung und somit auch zu unserer Seele.

Der abschätzende Blick

Hier sei kurz der „abschätzende“ Blick erwähnt. Er entsteht sehr schnell, wenn wir einen Menschen von oben bis unten betrachten, vor allem wenn wir den Kopf dabei nicht mitdrehen. Schauen Sie einmal an Ihrem Partner/Ihrer Partnerin oder einem Freund von oben nach unten herab und wieder hinauf. Das ist der *abschätzende* Blick, der sehr schnell entstehen kann, und den Sie bewusster wahrnehmen, wenn Sie anfangen sich mit köpersprachlichen Signalen zu befassen, die nicht nur im Bereich des Mimischen liegen.

Achten Sie also bei der „Beobachtung“ darauf, dass der andere sich nicht „observiert“ fühlt. Schauen Sie immer von einer gewissen Entfernung auf Ihre „Testpersonen“, denn auch mit einem gewissen Abstand können Sie Körperbewegungen (wie einen Gang, eine Geste oder eine Oberkörperhaltung) erkennen, ohne dass sich jemand dabei observiert fühlt.

Die erstaunten und die kritischen Augen

Ein erstaunter Blick zeichnet sich durch das Aufreißen der Augen aus, was den Sinn hat, möglichst viel Licht ins Auge hineinzulassen, sodass uns „ein Licht aufgeht“. Menschen, die von interessiertem und neugierigem Naturell sind, haben häufig auch die Augen ein wenig weiter als normal geöffnet. Kennen Sie Menschen, die einen anschauen, als wollten sie gleich in einen hineinkriechen?

Menschen, die *nur* mit aufgerissenen Augen in die Welt blicken, wirken oft ängstlich oder auch ein wenig naiv, denn sie können sich nicht von den Geschehnissen verschließen, die sich vor ihnen abspielen.

Zusammengekniffene Augen stehen für einen kritischen Blick, dies aber eher im Sinne von Hinterfragen als im Sinne des Nichtglauben-Wollens. Es sei denn, der Kopf lehnt sich an die „Glaswand“ hinter ihm. Bei zusammengekniffenen Augen wird so wenig Licht wie möglich in das Auge gelassen. Die Augen werden zusammengekniffen, damit sich der Blick auf ein bestimmtes Ziel konzentrieren kann, sowohl mental – wenn man sich an eine bestimmte Begebenheit in der Vergangenheit erinnern will – aber auch physisch – weil jemand vielleicht seine Brille nicht auf der Nase hat und deswegen mit dem fokussierten Blick besser sieht. In beiden Fällen wirkt der Mensch kritisch.

Übung

Kneifen Sie die Augen zusammen und schauen Sie den nächsten Menschen, der Ihnen begegnet, mit zusammengekniffenen Augen an. Was wird er Sie wohl fragen? „Hey, ist alles o.k. oder hab ich was Falsches gesagt?"

Oder reißen Sie die Augen bei Ihrer nächsten Begegnung mal ordentlich auf. Was wird man Sie diesmal fragen? „Wer ist denn hinter dir her, der Leibhaftige oder deine Schwiegermutter?"

Also

In der Mimik drücken sich Gefühle und Gedanken unmittelbar aus. Die körpersprachlichen Signale werden in der Regel von allen auf Anhieb verstanden, und so trägt die Mimik entscheidend zur Kommunikation bei.

Wird ein gewisser Ausdruck gewohnheitsmäßig oft verwendet, drückt er sich nach vielen Jahren in Form von Falten und anderen physischen Merkmalen im Gesicht aus.

7. Element, Sonntag

Herz, Karo, Pik und Kreuz-Bube oder -Dame – Die vier Charaktertypen

In der Psychologie existieren die verschiedensten Charakterstudien, die dazu beitragen können, unsere Selbst- und Menschenkenntnis zu verbessern. Die Typologie, die ich Ihnen im Folgenden vorstellen möchte, auch *die vier Temperamente* genannt, besteht aus dem:

- Choleriker
- Phlegmatiker
- Sanguiniker
- Melancholiker

Diese Typologie hat sich schon in der Antike großer Beliebtheit erfreut und ist noch heute so aktuell wie damals, denn jeder von uns kennt diese Typen aus dem täglichen Leben. Wenn wir unseren Gesprächspartner aufmerksam beobachten und uns ein Bild über seine Fähigkeiten und Eigenarten, eben über sein Temperament, machen, vergrößert sich unser Verständnis für ihn. Nein, Temperamente sind keine Schubladen, es sind *Orientierungshilfen*!

Aber auch das eigene Temperament zu erkennen und seine Wirkung auf andere noch genauer zu erforschen, wird durch dieses siebte Element möglich.

Eine Frage des Temperaments

Mit Ausnahme des Sanguinikers sind Ihnen diese Typen wahrscheinlich bereits ein Begriff, sodass Ihnen sicherlich im weiteren Verlauf dieses Buches der ein oder andere Freund vor dem inneren Auge erscheint. Alle Temperamente sind selbstverständlich auch als Mischformen in dieser Typologie vertreten, sodass es sein kann, dass ein Mensch in seinem Beruf sehr cholerisch wirkt, für sich selbst im Privaten aber eher eine phlegmatische Umgebung bevorzugt. Ein reines Temperament kommt selten vor, wohl aber ein herausstechendes, was oft von Mitmenschen schneller erkannt wird als einem lieb – und auch bewusst – ist. Ich möchte noch einmal betonen, dass diese Typologie keine Anleitung zur strengen Beurteilung über unsere Mitmenschen sein soll, keine Ablage in „Schubladen“, die niemand mehr verlassen darf. Es ist wirklich nur *eine*

Hilfe, um Verständnis für die „Andersartigkeit“ z.B. eines Partners oder Kollegen zu wecken.

Auch ist mir bewusst, dass viele Menschen diese Temperamente in einer negativen Färbung abgespeichert haben. Kaum einer kennt einen netten Choleriker, kommt auf Dauer mit einem Melancholiker zurecht oder legt sich über kurz oder lang nicht mit einem Phlegmatiker an. Den Sanguiniker kennen viele nicht, was wohl an dem Temperament selbst liegt, weil es der deutschen Mentalität nicht zwingend entspricht. Zum besseren Verständnis möchte ich Ihnen vier Begebenheiten von den vier Temperamentstypen erzählen, bei denen Sie sich selbst in Ihrem Wissen testen können. Sie werden sehen, die Körpersprache dieser vier Typen unterscheidet sich sehr auffallend von einander.

Erste Szene

Letzten Sommer war ich mit meiner Familie in Spanien auf einer Finca zum Grillen eingeladen.

Der Patron, Ricardo, hieß uns mit viel Herzlichkeit willkommen. Meine Hand schmerzt heute noch, vor allem aber war seine Begrüßung sehr laut. Während wir noch die Schönheiten der Umgebung mit all ihren Pflanzen bewunderten, war er schnell wie ein Blitz zum Tisch geeilt, um uns von dort auf unsere Sitzplätze zu verweisen. Kaum saßen wir, herrschte er etwas grob seinen zusammenzuckenden Sohn an, uns etwas zu Trinken zu bringen. Wir kamen nicht mehr dazu, unsere Wünsche zu äußern, da Ricardo bereits für uns entschieden hatte: Wir tranken Bier! Unterdessen war er im Kavallerieschritt zu einem monumentalen Grill gestürmt – nein, nicht wie ein spanischer Patron, eher wie ein spanischer Stier.

Sein Schritt war zielsicher, schnell und kräftig. Seine Arme pendelten stark, aber angewinkelt, zackig und dynamisch vor und zurück, so dass ich meinte, einen Soldaten vor mir zu haben, den man versehentlich auf „Vorwärts – marsch, marsch …“ gestellt hatte. Seine Tochter wollte sich gerade nach unserem Befinden erkundigen, als er sich wieder laut und geschäftig an seinen zu Grillfleisch gewordenen Schweinen zu schaffen machte und uns nicht die Muße einer gegenseitigen Vorstellung mit seiner Tochter gewährte. Stattdessen brüllte er ihr die weitere Vorgehensweise der Servierordnung zu. Da wir alle sehr still am Tisch saßen, er also gegen niemanden anschreien musste, nahm ich an, dass der Ton, in dem er dies sagte, seine normale Kommunikations-Lautstärke war.

Schwitzend, aber glücklich kredenzte er uns schließlich das Fleisch, das hervorragend schmeckte und recht scharf gewürzt war – um uns im gleichen Atemzug zu erklären, dass er das Wort „Spanferkel" auf Deutsch beherrscht, und dass er keine Frau mehr habe. Ansonsten sprach er ein Spanisch, welches bei mir den Einruck eines akustischen Wasserfalls hinterließ – mit vielen Fontänen und einigen Staccatos. Schließlich setzte er sich krachend (und das Letzte aus der Statik seines Stuhles herausholend) für mindestens fünf Sekunden zu uns, stieß kräftig mit dem Bier an – die Bierkrüge waren anscheinend aus Panzerglas –, und stand sofort wieder auf, um uns die vielen von seiner Haushälterin liebevoll zubereiteten Vorspeisen persönlich und so *lautstark* wie Fiete auf dem Fischmarkt von Hamburg anzupreisen.

Irgendwann am späten Abend, nach unglaublichen Mengen von gutem Essen und noch mehr Bier, als wir das dringende Bedürfnis verspürten, uns von dem massiven Dauerfeuer des Spaniers zu erholen und unsere „Wunden" zu verbinden, kam mir der gemeine Gedanke, dass seine Frau vielleicht irgendwann einmal dasselbe Bedürfnis gehabt hatte wie wir … Was für ein Temperament!

Szenenwechsel

Ein Junge steht in der Mitte des letzten Jahrhunderts mit Gleichaltrigen auf dem Spielplatz. Da ihm bei dem Spiel grundsätzlich alles zu schnell geht, ist es ihm noch nie gelungen, einen Ball zu fangen. Seine Kameraden stellen ihn an den Spielfeldrand und er „darf" das Netz halten, ist also gewissermaßen wegen seiner Langsamkeit zum Netzpfosten degradiert worden. Denn, eines ist dieser Junge *nicht*: schnell. Die Tätigkeit des Netz-Haltens verrichtet er so treu und zuverlässig, dass er das Netz immer noch festhält, als seine Freunde längst zum Abendessen gegangen sind.

Dieser äußerst sympathische Junge hat überdies die Schwierigkeit, bei Hühnern irgendeine Form von Bewegung festzustellen – sie bewegen sich bzw. ihren Kopf einfach so schnell hin und her, dass er den Moment des Wechselns nicht sehen kann. *Sten Nadolny* hat in seinem wunderbar feinfühligen und zugleich amüsanten Buch „Die Entdeckung der Langsamkeit“ John Franklin beschrieben, wie er in der Zeit der großen Entdecker die Nordwest-Passage findet und als Erster dort hindurch segelt. Auch John Franklin hatte ein besonderes Temperament und hätte ohne die beschriebene *Langsamkeit und Stetigkeit* die Einfahrt in diese Passage sicherlich verpasst.

Szenenwechsel

„Über den Wolken, eins – zwei – drei, muss die Freiheit wohl grenzenlos sein ...“, erschallt in meinen Ohren, während ich mich 2000 Fuß über dem Meeresspiegel befinde. Neben mir sitzt Sabrina, die mich in ihre neu erworbenen Flugkünste einführt, unterbrochen nur durch Luftlöcher und einem nicht enden wollenden Redeschwall. Ich sitze daneben, habe ein bisschen Angst und frage mich, warum ich mich nach Drachenfliegen, Wasserski und Bungeespringen auf ein weiteres Abenteuer mit meiner so teuren Freundin einlassen musste.

Nach einer gelungenen Demonstration in der Luft und einer halb gelungenen Landung auf der Erde hüpft Sabrina lachend aus dem Flugobjekt, um als Erstes ihr Handy wieder einzuschalten, welches kurz darauf fürchterlich zu vibrieren anfängt, als ob es mitten in einem epileptischen Anfall stecken würde. Natürlich fällt das Handy, Sabrinas drittes in diesem Jahr, zu Boden und ist kaputt.

Sabrina arbeitet in der Werbung und ist absolut *busy*. So busy, dass sie mit mir ständig Termine ausmacht, um sie dann kurz vor unserem Date wieder abzusagen – was ich hasse. Und das alles nur, weil ein Kunde eine neue Kampagne starten will und jetzt *sofort,* in einem Meeting mit Sabrina, seine Vorschläge und Ideen verwirklichen möchte. Sie versetzt mich dann mal wieder sehr spontan und, wie ich finde, absolut schnöde! Und ich frage mich: Kann dieser Typ Mensch das nicht auch einen Tag später klären?

Sabrina bewegt sich immer sehr zügig, aber doch sehr leicht und lebendig durch ihre Umwelt, und alles, was man Körper nennt, vor allem aber ihr Kopf, reckt sich ihrem Gesprächspartner, der Kaffeetasse oder einfach nur dem Agenturflur entgegen. Sie sieht aus, als sei sie ständig auf der Suche nach neuen Ideen, was auf so manchen wie eine neugieriges Edelhuhn im Zoo wirkt.

Für Sabrina ist Ruhe höchst unattraktiv, was zur Folge hat, dass sie kaum in den Genuss kommt, über sich selbst nachzudenken. Da das viel zu zeitaufwändig wäre und sie damit zu tief in die eigene Seele schauen würde, lässt sie es lieber gleich bleiben, denn da findet sie Chaos und Unordnung. Sabrina liebt Chaos und Unordnung, ohne es zu wissen.

Froh und noch ein wenig zittrig nehme ich von ihr Abschied, in der Hoffnung, dass Sabrina im Alter ein bisschen ruhiger oder zumindest ein wenig *zuverlässiger* wird.

Szenenwechsel

Ich sitze vor meinem TV-Gerät und fasse nicht, was ich da sehe! Ein Mensch, den ich nicht kenne, stiehlt sich auf einen für ihn bereitgestellten Studiostuhl. Seine Bewegungen sind fast schleichend. Dieser Eindruck wird noch verstärkt durch seine Füße, die beim Gehen eine leichte Einwärtsdrehung vorweisen. Er wird interviewt.

Würde ich diesen Menschen anhand von äußeren Merkmalen berühmter Persönlichkeiten beschreiben, würde ich folgende Mischung herausstellen: Dieses „Wesen" hat den leicht verklemmten Gang von *Mister Bean*, die treuen Hundeaugen von *Nikolas Cage*, die etwas säuerlichen Mundwinkel von *Karl Lagerfeld* und Haare wie *Yoko Ono*.

Im Laufe des Interviews wird deutlich, dass dieser Mensch mit größter Sorgfalt mehrere Studien zum Thema Regenwald durchgeführt hat und dabei sehr *genau*, ausführlich und absolut korrekt auf den Zusammenhang zwischen Mensch, Natur und tropischem Wald hinweist. Auch Auswirkungen der Abholzung und die damit verbundene globale Klimaveränderung sind Themen, mit denen er sich gründlich, konkret und glaubwürdig auseinander gesetzt hat. Er weiß alle Zahlen und Fakten auswendig. Während man dieses Wissen staunend erlebt, ist sein Kopf fast durchgängig auf die eigenen Knie gerichtet, die Hände sind damit beschäftigt, die eigenen Finger zu entknoten, um sie dann von neuem zu verknoten. Er wirft kaum Schatten – höchstens einen auf sich selbst.

Der arme Mensch, denke ich nach entsetzlich langen fünf Minuten, denn dies ist ein Mensch, der viel zu sagen hat, aber nicht vor einem Millionenpublikum, und nur wenn man ihn danach fragt. Ich leide weitere fünf Minuten gemeinsam mit ihm, was er natürlich nicht bemerkt, um in dieser Zeit festzustellen, dass dieses Wesen ein wissenschaftlicher Mitarbeiter in einer der angesehensten und gefragtesten Forschungsabteilungen dieser Welt ist. Oh je, was für ein Temperament!?

Rumpelstilzchen oder Trantüte, Luftikus oder Trauerkloß: Die vier Temperamentstypen und ihre körpersprachlichen Eigenarten

Jede der vier Temperamentsbeschreibungen untergliedert sich wie folgt in drei Teile:

- Merkmale in der Körpersprache
- Allgemeine Beschreibung
- Vorherrschende positive und negative Eigenschaften

Der Choleriker oder das Rumpelstilzchen

Merkmale in der Körpersprache

Der Choleriker kann so ein richtiges Rumpelstilzchen sein, was die meisten seiner Mitarbeiter bestätigen können. Er zeichnet sich durch folgende Körpersprache aus:

Der dynamische Schritt wirkt sehr zielorientiert, die Fußspitzen weisen dabei nach außen. Das Schrittmaß ist meistens sehr groß und wird durch kräftige Pendelbewegungen der Arme unterstützt. Außerdem schafft man es nicht, so einen Menschen zu überhören, wenn er sich nähert – was auch nicht gewollt ist, denn er *will* gehört werden.

Die Haltung ist meist aufrecht und wirkt manchmal wie aufgeblasen. In einer Aktion zieht sich sein Oberkörper auch mal zusammen, wobei sich die Hand zu einer Faust ballt, um dann im nächste Moment zu explodieren.

Die Armbewegungen sind beim Sprechen sehr kraftvoll. Er neigt zu Zurechtweisungen. Er liebt es, mit dem Zeigefinger in der Luft herumzufuchteln, was wohl den Ersatz für einen Schwertkampf darstellen soll. Da er von sich selbst sehr überzeugt und auf keinen Fall ein ängstlicher Mensch ist, neigen seine Bewegungen zu großen Gesten, die auch mal auf Kopfhöhe und darüber hinaus wachsen.

Im Sitzen nimmt er so viel Platz ein, wie ihm möglich ist, und seine Lieblingssitzposition ist es, breitbeinig auf dem Stuhl zu hocken, sodass der Po die gesamte Sitzfläche beansprucht. Um seine Stärke und den Anspruch auf sein Territorium noch zu unterstreichen, legt er sich auch gerne einmal der Länge nach in den Stuhl hinein, überschlägt seine Beine an den Fußknöcheln und überkreuzt seine Arme entweder über der Brust oder hinter dem Kopf. Das unterstreicht die Wirkung eines etwas selbstgefälligen Gockels, aber auch die des Obermuftis, den er so gerne verkörpert.

Dasselbe gilt, wenn er steht: breitbeinig und die Hände in die Hüften gestemmt kann er jeden Kampf aufnehmen. So wie der Türsteher.

Für ihn ist das Leben ohne Reibereien blass und langweilig. Er braucht immer ein Gegenüber, mit dem er sich messen kann. Findet er keinen, so sucht er sich einen. Manchmal auch sich selbst.

Oft sind Choleriker nicht besonders groß, sodass ich mir dieses Bedürfnis, sich „breit zu machen“ durch das Motto erklären kann: wenn schon nicht groß, dann wenigstens breit. So wie bei *Oskar.*

Seine Kopfhaltung erscheint recht gerade und hat eine Tendenz nach oben, was bei genauerer Betrachtung immer etwas angespannt wirkt. Das liegt wahrscheinlich daran, dass er ständig „unter Stark-

strom steht", was ihm häufig die Schläfenadern hervortreten lässt. Pulsierend, heiß und bedrohlich.

Allgemeine Beschreibung

Der Choleriker ist ein Mensch mit Zielen. Die will er mit aller Macht erreichen, weswegen er auch häufig in Machtpositionen anzutreffen ist. Der Manager-Typ schlechthin eben, der sich bei seinen Aufgaben mit einer unheimlichen Gewalt durch die Flure bewegt, nie Zeit zum Ausruhen findet und prinzipiell keine Zeit für andere hat. Wer hatte nicht schon einen cholerischen Chef?

Wo gehobelt wird, da fallen Späne, und die fallen auch – und zwar reichlich! Wenn er arbeitet, läuft er schon aus Prinzip auf Hochtouren. Da kann es schon einmal vorkommen, dass der ein oder andere Mitarbeiter oder Partner auch mal Späne oder einen Splitter ins Auge oder Herz bekommt. Durch seinen oft blinden Aktionismus, der auch vor dem eigenen Ehepartner kaum Halt macht, bemerkt er die in Partnern steckenden Splitter nur selten oder nie.

Ihn in diesem Augenblick auf seinen Fehltritt anzusprechen ist das Verkehrteste, was man tun kann. Vor allem, wenn man nicht ebenfalls cholerisch ist. Abwarten ist in diesem Fall das Beste, was Sie für sich und Ihre eigenen Nerven tun können, wenn Sie mit so einem cholerischen Chef oder auch Partner auskommen müssen.

Nur in einer stillen Stunde, die bei ihm allerdings recht selten zu finden ist, können Sie ihn auf das Missgeschick ansprechen. Das allerdings nur unter vier Augen, ansonsten kommt seine Profilierungssucht zum Vorschein. In einem Moment der Stille muss er niemandem etwas beweisen. In der Gemeinschaft ist er unter ständiger Beweisnot.

Sollten Sie selbst kein cholerisches Temperament besitzen, lassen Sie sich nicht mit ihm ein. Sie werden den Kürzeren ziehen! Zwei Choleriker unter sich sind gleichberechtigte Partner und arrangieren sich meistens ganz gut miteinander, auch wenn es für Außenstehende manchmal wie ein Kampf auf Leben und Tod aussieht. Halb so schlimm, denn der Choleriker ist *nicht nachtragend* und hat einen

Konflikt auch schnell wieder vergessen – zum Leidwesen eines melancholischen Mitarbeiters. Der wiederum merkt sich jede Kleinigkeit und ist nachtragend wie ein indischer Elefant.

Der Choleriker ist das Temperament, unter dem die Mitmenschen am meisten zu leiden haben. Für den Choleriker sollten Sie extrem viel Verständnis aufbringen, denn es gibt auch gute Seiten an ihm, die man aber nicht sofort erkennen kann. Die negativen Seiten spielen sich gerne mit der nötigen Lautstärke in den Vordergrund. Laute Eigenschaften sieht man eben schneller als die leisen.

Positive Eigenschaften

- dynamische Lebens- und Arbeitsweise
- zielorientierte Vorstellungen und Handlungen
- motiviert andere
- selbstbewusstes Auftreten

Negative Eigenschaften

- unsensible Wesenszüge
- herrschsüchtiges Verhalten
- aufbrausender Charakter
- egoistische Einstellung
- reagiert schnell ungeduldig

Berühmte Choleriker-Typen:

Franz-Josef Strauß, Adolf Hitler, Joe Cocker, Bette Middler, Luis de Funes

Der Phlegmatiker oder die Trantüte

Merkmale in der Körpersprache

Der Phlegmatiker kann eine richtige Trantüte sein. Er zeichnet sich durch folgende Merkmale in der Körpersprache aus:

Sein Gang ist ruhig und bedächtig. Seine Bewegungsdynamik scheint in die Erde zu weisen, was den Gang etwas schwerfällig erscheinen lässt. Die Schrittlänge wirkt auf den Betrachter oft überproportional groß. Die Füße haben einen leichten Außenstand und werden sehr sorgsam, etwas behäbig und bedächtig voreinander gesetzt.

Die Oberkörperhaltung hat eine Tendenz nach hinten und wiegt im Gleichschritt zu den Füßen von rechts nach links sowie von links nach rechts. Hin und her. Diese Haltung strotzt nicht gerade vor Esprit, dafür aber vor Ausgeglichenheit und Gutmütigkeit.

Die Arme wälzen sich beim Sprechen sehr bedächtig durch die vorderen Gestensphären und strahlen eine liebevolle Souveränität aus. Eckige und runde Gesten sind miteinander im Einklang, wobei die eckigen Gesten nur in aller größter Not benutzt werden. Sie bedeuten im Vergleich zu den runden Gesten sehr viel mehr Energieaufwand für ihn. Energie ist ein Gut, was er sich wohl dosiert einteilt, und von außen betrachtet könnte man meinen, dass er Energie nicht in ausreichendem Maße besitzt und sie deswegen sparsam verwendet. Den oberen Bereich der Gesten erreicht der Phlegmatiker selten bis niemals, denn auch das steht nicht im Verhältnis zum Energieaufwand.

Wenn er sitzt, dann sitzt er. Wenn er einen Kollegen in seinem Büro beehrt, kann der sich bei ihm auf einen längeren Besuch einstellen, da er ein sehr geselliger Typ ist. Er sitzt auf der gesamten Stuhlfläche und würde nie auf die Idee kommen, sich nur auf die Stuhlkante zu hocken – so wie Toddy. Oft sind Phlegmatiker recht große Menschen und strahlen durch ihre Erscheinung schon so viel Souveränität aus, dass sie es nicht nötig haben, sich extra breit auf ihrem Stuhl zu lümmeln. Es sei denn, die Stühle sind zu klein.

Sein Stand ist seiner Sitzart verwandt. Er behauptet breitbeinig sein Territorium, und man könnte den Eindruck bekommen, dass er dort Wurzeln schlagen möchte. Sein Becken ist nach vorne gekippt und oft macht er sich im Stehen ein wenig kleiner, was durch das Senken der Schulterpartie geschieht. Dieser Eindruck entsteht aber auch nicht selten durch die mangelnde Dynamik in ihm selbst.

Die Kopfhaltung hat ähnlich wie die Oberkörperhaltung eine Tendenz nach hinten, an die „Glaswand“. In der Kommunikation mit anderen Menschen wird das oft als distanziert empfunden. Phlegmatiker brauchen für alles immer ein bisschen länger – so auch für mimische Signale. Er braucht für mimische Regungen bestimmt doppelt so lange wie ein Sanguiniker, der Luftikus. Bis diese Regungen für andere sichtbar werden, ist der Gesprächsverlauf schon so weit vorangeschritten, dass eigentlich keine Veranlassung mehr für ihn besteht, z.B. über einen Witz zu lachen. Die Mimik versiegt sozusagen auf halber Strecke. Das heißt aber nicht, dass er unfreundlich ist, nur dauern seine Reaktionen immer etwas länger als gewöhnlich.

Allgemeine Beschreibung

Der Phlegmatiker hat die Ruhe weg. Sollte er tatsächlich mal aus dem Tritt geraten, was selten geschieht, ist seine Ruhe rasch wieder hergestellt. Er schlendert gerne durch die Büroflure und hat immer ein wenig mehr Zeit zur Verfügung als seine Kollegen. Er nimmt sie sich – leider auch oft zum Leidwesen seiner Kollegen. Dann sitzt er irgendwo im Büro einer anderen Abteilung und pflegt Beziehungen, obwohl bei ihm im Büro unter Umständen „die Bude brennt“.

Er nimmt seine Aufgaben mit Gelassenheit in Angriff und wägt vorsichtig sämtliche Handlungen, die von ihm erwartet werden, gegeneinander ab. Das tut er auch, um sicherzugehen, dass er nicht zu viel oder gar Unnötiges tut. Schnelle und kurzfristige Entscheidungen sind nicht seine Spezialität, weswegen er im Beruflichen auch selten in Führungspositionen zu finden ist. Außerdem liegt ihm jede Art von Machtausübung fern. Das macht ihn zum idealen Befehlsempfänger. Er macht treu die Dinge, die von ihm erwartet werden, aber erwarten Sie von ihm nicht zu schnelle Ergebnisse. Geben Sie ihm Zeit.

Zeit ist ein Gut, das ihm immer in ausreichendem Maß zur Verfügung steht. Selbst wenn er es einmal eilig hat, kann man diese Eile von außen nur schwerlich erkennen. Manchmal lasse ich in meinen Seminaren einen Phlegmatiker und einen Choleriker gegeneinander im „Wettlauf“ antreten. Die Aufgabe, die ich ihnen stelle, ist, mit Eile durch den Raum zu gehen, um etwas sehr Dringliches zu erledigen. Der Choleriker hinterlässt dann regelrecht eine Staubwolke, während der Phlegmatiker wie eine Rennschnecke hinterherschlendert, um dann zu verkünden: „Ich hab mich ganz schön beeilt!“ Die Wahrnehmung von Eile ist eben sehr subjektiv. Während der Choleriker der Ansicht ist, er sei so langsam gegangen, dass er schon fast eingeschlafen wäre, war es für den Phlegmatiker der schnellste Spurt seines Lebens.

Stellen Sie sich diese zwei Typen nur einmal im Team vor: Meine Güte! Wenn diese zwei kein *Verständnis für die Andersartigkeit* untereinander haben, werden sie sich niemals „grün“ sein. Wenn sie das aber sind, geben sie ein gutes Team ab.

Der Phlegmatiker ist ein sehr geselliger Mensch. Er schätzt es sehr, mit Freunden an einem lauschigen Plätzchen zu sitzen und einen guten Wein zu genießen. Wenn es dazu noch was Anständiges zu essen gibt, soll es ihm auch recht sein. Diese Dinge machen ihn zufrieden und glücklich, was man manchmal an seiner Statur erkennen kann, die schon in frühen Jahren zu einem wachsenden Bäuchlein neigen kann.

Alles in allem sind Phlegmatiker sehr angenehme Zeitgenossen. Das kann der Choleriker mit Sicherheit nicht so sehen. Gerade als Vorgesetzter dieses Menschen ist er häufig drauf und dran, sich die imaginäre Hutkrempe abzubeißen. Das dem Choleriker eigene Tempo weicht schon sehr stark von dem des Phlegmatikers ab.

Das ist nicht weiter schlimm, denn auch hier gilt wieder: Je mehr Sie über diesen Menschen in Bezug auf sein Temperament wissen, desto mehr Verständnis werden Sie für ihn aufbringen können.

Positive Eigenschaften

- behalten in stressigen Situationen Ruhe und Übersicht
- verbreiten eine gesellige Atmosphäre
- wirken ausgleichend
- sind selten bei schlechter Laune
- genießen das Leben
- sind geduldig

Negative Eigenschaften

- schwerfällig im Handeln
- skeptisch gegenüber Neuem
- langsames Nachdenken
- ein Hang zur Bequemlichkeit

Berühmte Phlegmatiker-Typen:

Gerhard Polt, Marianne Sägebrecht, Helmut Kohl

Der Sanguiniker oder der Luftikus

Merkmale in der Körpersprache

Der Sanguiniker ist ein richtiger Luftikus. Seine Bewegungen sind tendenziell flink und schnell und können bei Zeitnot sehr hektisch werden. Die Schrittlänge ist eher kurz, um möglichst flexibel eine neue Bewegungsrichtung einschlagen zu können. Sein Gang hat immer eine beschwingte Nuance – federnd – da die Bewegungsdynamik nach oben führt.

Stellen Sie sich noch einmal die drei Phasen des Schritts vor. Sie heben (1. Phase), führen (2. Phase) und stellen (3. Phase) ihren rechten Fuß auf den Boden, während beim Stellen schon der linke Fuß mit der ersten Phase beginnt. Richten Sie Ihre Aufmerksamkeit jetzt auf die erste Phase, das Heben, und sagen sich immer *dann*, wenn die erste Phase an der Reihe ist: heben, heben, heben! Erinnern Sie sich? Ihr Gang hat die Bewegungsdynamik nach oben, wodurch das Gefühl von Leichtigkeit entsteht. Jetzt sind sie in der Grundstimmung des Sanguinikers.

Die Oberkörperhaltung des Sanguinikers lässt mit diesem Gang nur eine gerade Haltung zu, da es anatomisch nicht sehr ideal wäre, sich bei diesem Gang zu beugen. Er wirkt sehr beweglich und wendet sich immer direkt und mit dem ganzen Körper in die Richtung, die seine Aufmerksamkeit anzieht. Anders ist der Melancholiker, der gerne den Eindruck des Unbeteiligten vermittelt und sich höchstens mit dem Kopf, aber noch lieber nur mit den Augen in die Richtung seiner Aufmerksamkeit wendet.

Die Gesten wirken beim Sprechen sehr *lebendig* und seine Hände neigen zu stürmischen Eskapaden, die auf einige Menschen aufdringlich wirken. Seine Gesten sind eher rund als eckig, denn eckige Gesten bringt man nur zustande, wenn man den Oberkörper etwas anspannt. Das vermag ihm kaum zu gelingen, denn sein Temperament ist von Flexibilität geprägt, was eben auch eine Auswirkung auf die Körpersprache hat.

Im Sitzen wirkt ein Sanguiniker oft, als wolle er gleich weiter. Er bevorzugt es, sich auf den Rand seines Stuhles zu setzen (damit er schnell wieder verschwinden kann). Oftmals hat er eben nur wenig Zeit zur Verfügung, und so besteht bei ihm die Gefahr, dass er sich vor lauter Engagement auf mehreren Hochzeiten verzettelt.

Gebraucht wird er überall, denn er ist ein wahres Organisations- und Multitalent. Vor allem, wenn alles schnell gehen muss, ist er der richtige Ansprechpartner. Dann zückt er sofort ein paar nette Ideen aus dem Ärmel, die gerne die Eigenschaft haben, auf Dauer nicht zu funktionieren. „Hauptsache kreativ!“ heißt dann die Devise.

Im Stehen gibt der Sanguiniker dasselbe Bild ab wie im Sitzen. Man hat den Eindruck, er ist nervös, denn er wechselt sein Stand- und Spielbein alle zwei Sekunden, so als wenn seine Füße dazu verdonnert worden wären, ständig eine Steppeinlage zum Besten zu geben. Er kann nicht stillstehen.

Die Kopfhaltung hat eine Tendenz nach vorne, was den Eindruck eines sehr interessierten Menschen hinterlässt. Im Extremfall können uns die Sanguiniker als ziemlich neugierige Hühner erscheinen. Das liegt daran, dass sich der gesamte Kopf nach vorne verlagert. Stellen Sie sich vor, in Ihrer Straße ist eine Wohnung im Erdgeschoss frei. Sie haben die Möglichkeit, von außen durch die Fensterscheibe in das Innere der Wohnung zu schauen. Sie machen also einen „langen Hals“. So eine Kopfhaltung haben viele Sanguiniker.

Einige sanguinische Freunde von mir haben sogar neben langen, schlanken Nasen auch leicht geschürzte Lippen und vorstehende Zähne. So als wollten sie alles, was es da in der Umwelt zu sehen, zu riechen und zu schmecken gibt, in sich hineinsaugen. Überhaupt haben sie ein sehr bewegtes Minenspiel.

Allgemeine Beschreibung

Der Sanguiniker hat das sonnigste Temperament von allen vieren und er besitzt überhaupt ein sehr freudiges und aufgeschlossenes Wesen. Er kommt mit allen Menschen gut aus, ist hilfsbereit und immer engagiert bei der Sache.

Der Sanguiniker ist schnell Feuer und Flamme für eine Sache: Strohfeuer. Wird diese Sache nämlich zur Dauerangelegenheit, fängt es an, ihn zu langweilen, und er macht sich auf die Suche nach einer aufregenderen, spannenderen Beschäftigung. Für ihn sollte das Leben immer was zu bieten haben. Dann kann er sich alles herauspflücken, wonach es ihn gerade am meisten gelüstet. Ja, gelüstet, denn er ist ein sehr sinnlicher Mensch.

Im Arbeitsalltag hat man ihn gerne um sich. Dann ist immer Bewegung in der Bude, und so mancher Phlegmatiker freut sich, jemanden gefunden zu haben, den er auf Organisationstour schicken kann. Das ist in beiderseitigem Interesse. Diese Organisationstouren macht der Sanguiniker sehr gerne, denn dabei erfährt er die meisten Neuigkeiten und verbreitet diese auch bereitwillig weiter.

Er hat eine sehr lockere und nette Art und kann mit niemandem böse sein. Man kann sich auch kaum mit ihm streiten. Sollte dies mal passieren, nimmt er einen Konflikt mit derselben lockeren netten Art und Weise auf, wie er alles andere aufnimmt, um diesen schnell wieder zu vergessen. Das hat natürlich auch einen Nachteil, nämlich den, dass man diese Menschen nur schwer zu grundlegenden Veränderungen bewegen kann. Der Vorteil ist aber der, dass er so einen Krach schnell vergisst, weil er sich schnell auf neue Situationen konzentrieren und einstellen kann und überhaupt nicht nachtragend ist.

Aufgrund seiner überaus vielfältigen und kreativen Arbeitsweise neigt er zu einer gewissen Oberflächlichkeit, und es kann vorkommen, dass man ihn als Führungskraft noch einmal an den Rest der gestellten Aufgabe erinnern muss. Diese hat er mal wieder liegen gelassen, weil ihm etwas Interessanteres über den Weg gelaufen ist.

In der Werbebranche finden Sie viele Sanguiniker, denn dort ist ihr phantasievolles und flexibles Wesen gefragt, allerdings nur, wenn sie nicht an den Schreibtisch gefesselt sind. Das macht sie fertig.

Diese Branche ist voller Kreativität und Ideen, unheimlich schnell in ihren Prozessen, aber auch mit wenig Verbindlichkeit ausgerüstet. Diese Eigenschaften sind schwerlich miteinander zu vereinen, obwohl sie sich so gut ergänzen könnten.

Positive Eigenschaften

- phantasievolle und kreative Arbeitsweise
- flexibler Umgang mit Zeit und Ideen
- aufgeschlossener und offener Umgang mit anderen Menschen
- schnelle Auffassungsgabe und die Fähigkeit, Aufgaben schnell umzusetzen

Negative Eigenschaften

- neigt zu oberflächlicher Handlungsweise
- verbindliche Absprachen kann er nur schlecht einhalten
- es fällt ihm schwer, bis zum Ende eines Projekts verantwortlich zu sein

Berühmte Sanguiniker-Typen

Otto Waalkes, Nadja Auermann, Jürgen Möllemann, Dirk Bach

Der Melancholiker oder der Trauerkloß

Merkmale in der Körpersprache

Der Melancholiker kann manchmal ein richtiger „Trauerkloß“ sein. Er wirkt auf den ersten Eindruck still, in seiner Bewegungsdynamik liegt nichts Spektakuläres. Auf viele Menschen wirkt diese Bewegung sogar als „Leisetreterbewegung“. Die Füße werden tatsächlich sehr vorsichtig und leise aufgesetzt, wobei die Fußspitzen häufig eine Tendenz nach innen aufweisen. Die Schrittlänge ist normal und die Bewegungsrichtung hat eine Tendenz zur Erde hin. Dadurch wirkt diese Bewegung auch etwas gleitend, ohne Höhen und Tiefen.

Die Oberkörperhaltung wirkt etwas zusammengezogen und auf keinen Fall stolz wie ein Torero. Die Arme liegen locker am Körper an und werden beim Gehen nur selten als „Abschwunggeber" benutzt, so wie es der Choleriker tut. Sie bleiben in derselben Position hängen, in der sie hängen, wenn sie stehen. Das wirkt verhalten und ein wenig verklemmt, auf keinen Fall jedoch aktiv und einsatzbereit.

Die Gestik des Melancholikers ist ebenso verhalten wie seine gesamte Haltung. Er formuliert abwechselnd mit runden und eckigen Gesten. Seine bevorzugte Gestenebene ist die untere, vom Bauchnabel abwärts. Ansonsten müsste er seine Oberarme lüften und würde sich dementsprechend schutzlos fühlen. Große Gesten, wie bei manch einem Politiker, sind also von Natur aus bei ihm nicht zu erwarten.

Auch der Melancholiker sitzt lieber auf der Stuhlkante, aber eher weil er niemandem zur Last fallen möchte – nicht, weil er heute noch 1001 Tätigkeiten auf einmal zu tun hat, so wie der Sanguiniker. Er macht sich sehr schmal auf seinem Stuhl. Er würde niemals auf den Gedanken kommen, seine Beine der Länge nach auszustrecken und die Arme hinter seinem Kopf zu verschränken. Das wäre ihm so unangenehm, als würde er nackt auf diesem Stuhl sitzen. Die (meist langen) Beine sind bei ihm locker übereinander geschlagen und seine Arme in der Position des „Denkers" von Rodin. Diese Haltung ist sehr typisch für den Melancholiker. Beim Stehen stellt er seine Beine sehr ordentlich nebeneinander, am Knöchel auch manchmal überkreuzt, was bei seinem Gesprächspartner einen sehr bescheidenen, introvertierten und oft auch braven Eindruck hinterlässt. Das ist authentisch. Der Melancholiker ist introvertiert, brav, bescheiden und ordentlich.

Die Kopfhaltung des Melancholikers ist häufig etwas nach unten geneigt und wirkt dadurch „in sich versunken" oder gar schüchtern. Er denkt das ganze Leben lang über irgendetwas nach. Es geht nicht ohne.

Die Melancholiker schauen gerne einmal aus dem Augenwinkel auf das Geschehen, damit keiner auf die dumme Idee kommt, sie in

einem Moment anzusprechen, wenn sie nicht vorbereitet sind. Sie möchten alles planen, ausrechnen, statistisch festhalten und ordnen, am liebsten ihr gesamtes Leben.

Die Mimik des Melancholikers wirkt oft ein wenig traurig. Mit großen Gefühlsausbrüchen sind sie sehr sparsam und lächeln höchstens mal ein wenig vor sich hin. Es sei denn, sie amüsieren sich über etwas ganz besonders Tiefsinniges, über das die meisten Anwesenden nicht einmal schmunzeln, weil sie es nicht verstehen. Ihr Humor ist tief und ernst, aber sehr geschätzt.

Allgemeine Beschreibung

Der Melancholiker ist ein leiser Mensch und hasst die lärmende Lustigkeit. Er liebt einsame Bergspaziergänge mit dem Partner seines Herzens und ist damit vollauf zufrieden. Mit diesem kann er dann Gespräche über die großen Leiden der Menschen, insbesondere seine Leiden, und den Weltschmerz des Lebens führen. Zwischendurch betrachtet er sorgsam die Details am Wegesrand. Details sind für ihn sehr wichtig. Er ist ein Beobachter und schaut sich die Dinge um ihn herum sehr genau an – aber nicht nur Dinge, sondern auch die Menschen. Er beobachtet Sie ähnlich sorgsam wie seine Steuererklärung, was ihm im Laufe seines Lebens eine besondere Menschenkenntnis verleiht.

Seine Mitmenschen meinen oft, dass der Melancholiker nicht mitbekommt, was um ihn herum geschieht. Das ist falsch. Er bekommt alles mit, nur dass er das nicht *zeigt*. Denken Sie an den gesenkten Kopf! Er ist selbst für die feinen Schwingungen, die wir unter Menschen austauschen, empfänglich – für das, was wir als „Stimmungen“ bezeichnen. Er ist diesbezüglich sehr sensibilisiert und nimmt eine schlechte Stimmung bei einer Familienfeier auch als Erster wahr. Dadurch kann es aber auch passieren, dass er mit seiner Stimmung, die manchmal ins Traurige oder sogar Depressive abgleitet, ein komplettes Büro „verpesten“ kann. Da er dies aber nicht so laut und direkt wie der Choleriker tut, sondern eher für sich und in sich hinein, weiß eigentlich keiner so genau, woher die schlechte Stimmung kommt.

Der Melancholiker ist ein sehr zuverlässiger Mensch, und wenn er jemandem seine Hilfe zugesagt hat oder seine Arbeitskraft zur Verfügung gestellt hat, so würde es ihm physisch regelrecht Schmerzen bereiten, wenn er sein Versprechen nicht einhalten könnte – was in der Regel nicht passiert.

Melancholiker arbeiten gerne für sich alleine (nicht in Großraumbüros) und mit Vorliebe mit dem Kopf. Sie stellen gerne Berechnungen über Gott und die Welt an. Wo kann man besser für sich sein als z.B. an einem Schreibtisch beim Notar oder einer Steuerbehörde, einem Steuerprüfer, als Buchhalter einer Bank oder sonst einem Schreibtisch, natürlich mit integriertem Taschenrechner? Er liebt Zahlen, Fakten und Statistiken, bei denen ein Sanguiniker jämmerlich eingehen würde. In diesen Berufen geht es ja um Genauigkeit, Sorgfältigkeit und Pflichtbewusstsein. Diese Attribute repräsentiert der Melancholiker wie kaum einer der anderen Temperamente, und das bis in seine sehr sorgsame Körpersprache hinein.

Er ist ein sehr höflicher Mensch und er würde sich lieber die Zunge abbeißen, als einen anderen Menschen zu beschimpfen oder – noch schlimmer – ein Geheimnis zu verraten. Leider weiß man bei ihm oft nicht, woran man ist. Wenn man also selbst etwas verkehrt gemacht hat, sagt er es einem nicht, da er mit Feedback sehr sparsam ist und seine Kritik lieber für sich behält.

Das wäre dagegen für einen sanguinischen Partner die größte Strafe. Egal ob es beim Kochen, Büro-hübsch-Machen oder bei der Organisation des Firmenjubiläums ist, der Sanguiniker bekommt kaum ein Feedback vom Melancholiker. Dieser gibt sich höchstens selbst eines, in dem er sagt: „Ich glaube, das ist mir nicht so gut gelungen ..." Der Melancholiker ist höflich und selbstkritisch bis das „Schiff" („wahrscheinlich wegen mir ...") gesunken ist und der Kapitän von Bord geht.

Eines ist noch erwähnenswert: Sie kennen alle diesen besonderen, trockenen Humor, den Melancholiker manchmal ohne Vorankündigung zum Besten geben. Dieser Humor ist, wenn wir ihn verstehen, zum Umfallen komisch und rabenschwarz und dem Melancholiker auf den Leib geschneidert. Oft ist sein kurzes und treffendes Statement zu einer Situation gefragt, das er ohne Schnörkel und

Verzierungen abgibt, und über das der Erzähler selbst nicht einmal schmunzelt. Fast alle berühmten echten Clowns sind übrigens Melancholiker!

Schnörkel und Verzierungen sind für ihn unattraktiv, ob es dabei um die Partnerwahl, die Büroeinrichtung, die eigene Kleidung oder den Arbeitsalltag geht. Für ihn zählen Fakten, Fakten, Fakten und die haben bekanntlich keine Schnörkel.

Positive Eigenschaften

- sorgfältige und genaue Arbeitsweise
- zuverlässig und pflichtbewusst bei seinen Aufgaben
- reflektiert eigene und fremde Verhaltensweisen
- ausgeprägte Wahrnehmungs- und Beobachtungsgabe
- denkt in die Tiefe
- tiefer, trockener Humor

Negative Eigenschaften

- verbreitet traurige und fast depressive Stimmung
- neigt zu pedantischer Arbeitsweise
- nicht besonders teamfähig
- kann schlecht zeigen, was er fühlt

Berühmte Melancholiker-Typen:

Geraldine Chaplin, Nicolas Cage, Günther Jauch, Ulrich Wickert, Karl Valentin, Wladimir Putin

Übung

Jetzt möchte ich Sie bitten, noch einmal in das zweite Element zurück zu springen (S. 65). Dort finden Sie Hinweise zum Üben. Durch das Wissen der vier Temperamente bekommt diese Übung noch einmal eine andere Blickrichtung. Erinnern Sie sich an die „hebenden“, „tragenden“ und „stellenden“ Typen? Die *hebenden* Typen sind dem Sanguiniker verwandt, die *tragenden* dem Melancholiker und die *stellenden* dem Choleriker und dem Phlegmatiker – diese beiden letzteren allerdings mit unterschiedlichen Signalketten. Während der Choleriker seinen Fuß hinstellt, ist sein Oberkörper nach vorne gelehnt, seine Schritte sind groß und seine Arme bewegen sich auffallend beim Gehen vor und zurück. Der Phlegmatiker dagegen setzt, wenn er sich überhaupt bewegt, seinen Fuß ebenso fest auf die Erde, allerdings ist sein Oberkörper nach hinten geneigt und sein Tempo nur halb so schnell wie das des Cholerikers. Die Übung aus dem zweiten Element ist also auch die Übung für dieses Element, nur dass jetzt der Gesichtspunkt der Temperamente hinzukommt.

Warum wir ein bestimmtes Temperament besitzen und woher es kommt, weiß man nicht genau, aber es ist anzunehmen, dass das Temperament ähnlich wie unsere Lebenseinstellung entsteht: in geringem Maße aus der Erziehung und selbstverständlich aus der Genetik. Wissenschaftler gehen mittlerweile davon aus, dass nicht nur äußere Merkmale auf die Genetik zurückzuführen sind, sondern auch bestimmte Fähigkeiten wie Musikalität, Eigenschaften wie Geiz und Eifersucht oder auch Herzlichkeit und sogar das krankhafte Verhalten eines Alkoholikers.

„Super!“, sagen da jetzt einige. „Das sind ja echt erfreuliche Aussichten. Wenn alles vorbestimmt ist, haben wir auch keinen Einfluss auf unser Denken, Handeln und Fühlen – und haben somit für alles, was wir tun, eine Entschuldigung parat!“

Das ist falsch! Trotz bestimmter Fähigkeiten und Eigenschaften sind wir Herr über uns selbst und können, im Gegensatz zu unseren vierbeinigen Freunden, alle unsere Handlungen bewusst ausführen, um sie dann zu verändern, zu ergänzen oder zu beseitigen. Das kommt daher, dass wir nämlich nicht nur ein Reptiliengehirn besitzen, sondern auch ein intaktes Großhirn. Das befähigt uns, die Dinge zu überdenken und zu reflektieren. Auch festgefahrene Verhaltensweisen, wie z.B. die Eifersucht, sind noch zu verändern, wenn man es nur will.

Also

Die Temperaments-Typen haben alle eine unterschiedliche Körpersprache. Ebenso haben sie eine unterschiedliche Einstellung zum Leben und verschiedene Ansichten. Sie pflegen einen unterschiedlichen Umgang mit anderen Menschen und denken unterschiedlich über etwas nach.

Vier Typen, die unterschiedlicher nicht sein können, und doch gehören alle zur gleichen Rasse: die der Erdbewohner, Homo sapiens.

Es gibt aber nicht nur diese vier Charaktertypen, denn dafür ist der Mensch ein viel zu kompliziertes Wesen. Es gibt viele verschiedene Mischungen aus den vier Typen, jedoch alle mit einer unterschiedlichen „Gewichtung". Ein „reines" Temperament hat fast niemand – das wäre auch kaum zu ertragen.

Wenn uns aber doch einmal ein Mensch mit einem „reinen" Temperament begegnet und dieser Mensch auch noch mit den negativen Eigenschaften ausgestattet ist, wirkt das auf uns häufig ein wenig krankhaft. Wenn der Choleriker einen cholerischen Anfall bekommt und das ständig (Jähzorn), der Sanguiniker sich für alles begeistern kann, ohne darüber nachzudenken (Spinner), der Melancholiker nur leidet und nichts anderes tut (Depression) und der Phlegmatiker nichts tut, aber auch rein gar nichts (Dumpfheit?), ist das doch ziemlich verhaltensauffällig, oder?

Diese Aussage führt uns an den Anfang dieses Buches zurück: Nur wenn wir wirklich etwas verändern *wollen,* haben wir die Möglichkeit dazu. Sonst nicht. Wenn Sie in diesem oder auch den anderen sechs Elementen Verhaltensweisen an sich entdeckt haben, die Ihnen nicht gefallen, reicht es nicht aus, sie nur zu entdecken. Doch die Entdeckung gibt Ihnen eine Option – eine Option, sich weiterzuentwickeln. Dann erst ist es uns möglich, auch die zwei weiteren Schritte zu vollziehen: Reflektieren und Verändern.

Erkenne Dich selbst …

Wenn Sie dieses Buch zwischen den einzelnen Elementen weggelegt haben, um zu üben, werden Sie gemerkt haben, dass sich im Laufe der Übungen die eigene Wahrnehmung von sich selbst und den Mitmenschen verändert hat. Auch reflektieren und hinterfragen Sie sich selbst in Ihren Handlungen sehr viel mehr, als es vorher der Fall war.

Das ist die Voraussetzung, um seine eigene Wirkung auf andere zu erkennen und um etwas über sich selbst zu lernen. Durch aufmerksame Beobachtung und durch das „Nachmachen" von körpersprachlichen Signalen haben Sie Verhaltensweisen am eigenen Leib erfahren. Sie haben bemerkt, wie sich der andere in einer bestimmten Haltung oder Bewegung fühlt.

Durch diese Tätigkeit erwerben wir uns die zwei wichtigsten Fähigkeiten in der Kommunikation: *Selbsterkenntnis und Menschenkenntnis*. Diese sind wiederum die wichtigsten Voraussetzungen, um sich in seiner genetisch vorgegebenen Persönlichkeit weiterzuentwickeln und sich zu verändern.

Schlusswort

Im Verlauf dieses Buches haben Sie Freddy und Felizia kennengelernt. Sie haben Stellas und Henrys Distanzzonen erlebt. Sie bewegten sich wie brüllende Berserker und distanzierte Beobachter zu Ihrer Garderobe. Sie platzierten sich wie ein Türsteher vor Ihrem Partner und standen wie ein zuvorkommender Bankberater vor dem Spiegel. Sie plusterten sich auf wie arrogante Gockel und flätzen sich wie der Boss in Ihrem Sessel. Sie gestikulierten wie italienische Mamis oder Papis und sprachen von Globalisierung, schauten wie neugierige Hühner aus dem Fenster und erkannten zu guter Letzt Ihr Temperament oder das Ihres Chefs.

Bei allen Übungen habe ich Sie gebeten, nicht nur auf ein einziges körpersprachliches Signal zu achten, sondern *Signalketten* zu entdecken. Da es Millionen von Signalketten gibt, die ich in diesem Buch nicht alle explizit erwähnen kann, möchte ich Ihnen Folgendes mit auf den Weg geben: Gehen sie auf Entdeckungsreise!

Sie haben durch dieses Buch ausreichende körpersprachliche Signale erkannt und auch angewendet, die Sie jetzt alleine zusammensetzen können. Nehmen Sie sich ein besonders auffälliges Signal eines Menschen heraus, wie z.B. ein zurückgezogener Kopf, und suchen Sie step by step weitere Signale in den zur Verfügung stehenden Elementen heraus, die zu diesem auffallenden Signal passen. Suchen Sie Signale, die dazugehören. Erst dann haben Sie eine reelle Beurteilungsgrundlage in der Hand, um die Gedanken der anderen Menschen zu lesen.

Sollten Ihnen widersprüchliche Signale begegnen, müssen Sie sehr viel schneller als bei kongruenten, also bei zusammenpassenden Signalen, auf die sprachliche Ebene hinüberwechseln. Dort werden Sie sicherlich weitere Hinweise auf die Einstellung oder das

Selbstkonzept des Menschen entdecken, mit dem Sie gerade kommunizieren.

Um die Gedanken der Mitmenschen lesen zu können, müssen Sie mit dieser Anleitung zum Gedankenlesen täglich umgehen. Fangen Sie an, zu beobachten! Das kann man beim Autofahren tun, wenn man z.B. gerade an einer Ampel steht. Das können Sie auch im Bus tun, wenn Sie auf die Mitsitzer schauen. Das können Sie, wenn Sie sich in einem Meeting, in der Kantine, in einem Restaurant oder irgendwo sonst aufhalten, wo es Menschen gibt. Sie können auch bei einem Waldspaziergang ausprobieren, wie es sich anfühlt, krumm zu gehen, wie es sich anfühlt, schnell zu sein, oder was Ihnen in den Sinn kommt, wenn Sie hüpfen.

Glauben Sie mir, es ist nicht besonders aufwendig, auf diese Art zu üben, Sie müssen nur daran denken. Stecken Sie sich beispielsweise einen bestimmten Ring an Ihren Finger, der wird Sie an Ihre Aufgabe erinnern. Nehmen Sie sich kleine Hilfen, seien Sie kreativ! Verbinden Sie z.B. das Wort Essen mit der aufrechten Körperhaltung. Wenn Sie nur drei Mal am Tag etwas essen, sind Sie schon drei Mal am Tag in der Lage, sich aufzurichten.

Sicherlich haben Sie an sich auch Schwachstellen entdeckt – z.B. dass Sie einen Menschen bei der Begrüßung vielleicht nicht immer anschauen. Immer wenn Ihnen jetzt ein Mensch entgegenkommt, auch wenn Sie ihn nicht kennen und auch wenn er an Ihnen vorbei geht, schauen Sie ihn ab jetzt an. Sie werden sehen, nach einer Weile wird es besser funktionieren.

Wichtig ist, dass Sie üben. Ja, üben. Dann können Sie auch bald Gedanken lesen und zeigen.

Stichwortverzeichnis